U0561276

"两弹一星"
功勋科学家传略

青海两弹一星干部学院◎编

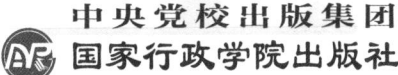

中央党校出版集团
国家行政学院出版社

图书在版编目（CIP）数据

"两弹一星"功勋科学家传略 / 青海两弹一星干部
学院编 . —北京：国家行政学院出版社，2024.3（2025.4 重印）
　　ISBN 978-7-5150-2837-8

　　Ⅰ . ①两…　Ⅱ . ①青…　Ⅲ . ①科学家—列传—中国—
现代　Ⅳ . ① K826.1

　　中国国家版本馆 CIP 数据核字（2023）第 232663 号

书　　　名　"两弹一星"功勋科学家传略
　　　　　　　"LIANGDAN YIXING" GONGXUN KEXUEJIA ZHUANLÜE
作　　　者　青海两弹一星干部学院　编
统筹策划　王　莹
责任编辑　孔令慧　马　跃
责任校对　许海利
责任印制　吴　霞
出版发行　国家行政学院出版社
　　　　　　　（北京市海淀区长春桥路 6 号　　100089）
综 合 办　（010）68928887
发 行 部　（010）68928866
经　　销　新华书店
印　　刷　北京盛通印刷股份有限公司
版　　次　2024 年 3 月第 1 版
印　　次　2025 年 4 月第 5 次印刷
开　　本　170 毫米 × 240 毫米　16 开
印　　张　14.5
字　　数　165 千字
定　　价　65.00 元

本书如有印装质量问题，可随时调换，联系电话：（010）68929022

编 委 会

主 任

徐小兵　毛玉金

成 员

杨自沿　马永萍　多吉卓玛　张贵沛

"两弹一星"精神

热爱祖国　无私奉献

自力更生　艰苦奋斗

大力协同　勇于登攀

科 学 家 精 神

胸怀祖国　服务人民的爱国精神

勇攀高峰　敢为人先的创新精神

追求真理　严谨治学的求实精神

淡泊名利　潜心研究的奉献精神

集智攻关　团结协作的协同精神

甘为人梯　奖掖后学的育人精神

载人航天精神

特别能吃苦

特别能战斗

特别能攻关

特别能奉献

新时代北斗精神

自主创新

开放融合

万众一心

追求卓越

中共中央 国务院 中央军委
关于表彰为研制"两弹一星"作出突出贡献的科技专家并授予"两弹一星功勋奖章"的决定

(1999年9月18日)

在新中国50年的光辉历程中，"两弹一星"的研制成功，是中华民族为之自豪的伟大成就。50年代中期，以毛泽东同志为核心的第一代党中央领导集体，根据当时的国际形势，为了保卫国家安全、维护世界和平，高瞻远瞩，果断地作出了独立自主研制"两弹一星"的战略决策。大批优秀的科技工作者，包括许多在国外已经有杰出成就的科学家，怀着对新中国的满腔热爱，响应党和国家的召唤，义无反顾地投身到这一神圣而伟大的事业中来。他们和参与"两弹一星"研制工作的广大干部、工人、解放军指战员一起，在当时国家经济、技术基础薄弱和工作条件十分艰苦的情况下，自力更生，发愤图强，大力协同，无私奉献，勇于攀登，完全依靠自己的力量，用较少的投入和较短的时间，突破了原子弹、导弹和人造地球卫星等尖端技术，取得了举世瞩目的辉煌成就。

"两弹一星"的研制成功，成为新中国社会主义建设伟大成就的重要标志，充分显示了中华民族的创造能力，在国内外产生了巨大而深远的影响。它有力地推动了国家经济建设，大大增强了国防实力，促进了我国科学技术的发展。它打破了超级大国的核讹诈和核垄断，奠定了我国在国际事务中的重要地位，振奋了国威、军威，极大地鼓舞了中国人民的志气，增强了中华民族的凝聚力。"两弹一星"的研制成功，培养和造就了一大批能吃苦、能攻关、能创新、能奉献的科技骨干队伍，为我国高新技术及相关产业的发展打下了坚实的基础。在"两弹一星"研制过程中积累的丰富经验和科学管理方法，已广泛应用于我国社会、经济和科技发展等各个领域；在"两弹一星"研制者身上体现出来的"热爱祖国、无私奉献，自力更生、艰苦奋斗，大力协同、勇于登攀"精神，已经成为全国各族人民宝贵的精神财富和不竭的力量源泉。40多年特别是改革开放以来，在一代又一代科技工作者的不懈努力下，从研制"两弹一星"开始创立起来的我国高科技事业取得了长足的进步。

当前，我们面临着新的形势和任务。世界局势总体上趋向缓和，但天下仍不太平，维护世界和平、促进共同发展依然任重道远。特别是新的科技革命以及由此引发的社会经济变革方兴未艾，这既给我们提供了难得的历史机遇，又带来了空前的严峻挑战。我国改革进入攻坚阶段，发展处于关键时期，任务十分艰巨。为了在新的形势下大力弘扬研制"两弹一星"的革命精神和优良传统，动员广大科技工作者和全党、全军、全国各族人民，抓住机遇，迎接挑战，加快实施科教兴国和科技强军战略，在庆祝中华人民共和国成立50周年之际，党中央、国务院、中央军委决定，对当年为研制"两弹一星"作出突出贡献的23位科技专家予以表彰，并授予于敏、王大珩、王希季、朱光亚、孙家栋、任新民、吴自良、陈芳允、陈能宽、杨嘉墀、周光召、钱学森、屠守锷、黄纬禄、程开甲、彭桓武"两弹一星功勋奖章"，追授王淦昌、邓稼先、赵九章、姚桐斌、钱骥、钱三强、郭永怀"两弹一星功勋奖章"（以上排名按姓氏笔画为序）。这23位科技专家是人民共和国的功臣，是老一辈科技工作者的杰出代表，是新一代科技工作者的光辉榜样。

党中央、国务院、中央军委号召，全党、全军和全国各族人民向为研制"两弹一星"作出突出贡献的科技专家学习，大力弘扬研制"两弹一星"的伟大精神，在以江泽民同志为核心的党中央领导下，高举邓小平理论伟大旗帜，万众一心，艰苦奋斗，顽强拼搏，开拓创新，为夺取我国改革开放和社会主义现代化建设新的伟大胜利而努力奋斗。

（来源：《人民日报》1999年9月19日）

目录

序 共和国从这里挺起脊梁
——"中国第一个核武器研制基地"纪念碑碑文敬读

序　共和国从这里挺起脊梁
——"中国第一个核武器研制基地"纪念碑碑文敬读

第二次世界大战后，核武器成为大国发展战略的重点，成为国际政治、外交、军事斗争的工具以及决定战争与和平的重大因素。美国一再叫嚣要对中国使用原子弹，核讹诈、核战争的阴云密布在新中国的上空。以毛泽东同志为核心的党的第一代领导集体不畏核威慑、不惧核炸弹，蔑视强权、审时度势，作出了发展我国原子能事业的英明决策。从此，中国开始了研制核武器艰巨而伟大的历史征程。

1958年7月，中央确定青海省海北州海晏县金银滩为中国第一个核武器研制基地，代号"02"工程，命名为西北核武器研究设计院，最初称221基地，对外称青海省综合机械厂，掩护名称为青海省第五建筑工程公司，0青海矿区，后称国营221厂。从此，这块未开垦的处女地蒙上了神秘的面纱，肩负起不同寻常的历史使命，从中国地图上消失了。

1984年，中央根据国际形势变化和我

国军事力量发展的需要，决定撤销221厂。应职工们的强烈要求，有关部门决定兴建纪念碑，以怀念221厂艰苦卓绝的奋斗岁月、纪念"221人"为原子弹、氢弹突破而献身的光辉历程。碑址选定在海北州西海镇原221厂办公楼与马路交汇处的东南角开阔地带。碑的正面（东侧）是时任中央军委副秘书长、国防部部长张爱萍将军题写的12个行书大字：中国第一个核武器研制基地。碑文由221厂黄传贵先生撰写。纪念碑碑文如下：

　　中国第一颗原子弹在这里诞生，中国第一颗氢弹在这里研制成功。一九六四年十月十六日，中国首次核试验爆炸成功，它向全世界宣告：站起来的中华民族终于有了自己的原子弹。为打破核垄断、维护世界和平做出了历史性的重大贡献。

　　一九五八年，在以毛泽东主席和周恩来总理为首的老一辈无产阶级革命家的决策和领导下，独立自主，自力更生，创建我国第一个核武器研制、试验和生产基地——二二一厂。三十多年来，广大科技工作者、工人、干部、牧工、家属和人民解放军、警卫部队指战员，在党中央、国务院、中央军委、中央专委的统帅和指挥下，在全国和青海各族人民的大力协同下，在这块一千一百七十平方公里的神秘禁区内，艰苦创业，无私奉献，团结拼搏，勇攀高峰，攻克了原子弹、氢弹的尖端科学技术难关，成功地进行了十六次核试验，实现了武器化过程，生产出多种型号战略核武器装备部队，壮了国威、壮了军威。这一壮丽事业是几代人连续奋斗的结晶，多少人为之贡献了青春年华，有的献出

　　了宝贵生命，党和人民不会忘记，共和国不会忘记。

　　雄关漫道真如铁，而今迈步从头越。遵照党中央、国务院的战略决策，二二一厂已经完成了它的历史使命，万名职工和他们的家属，带着核事业的优良传统和草原人的创业精神，告别核基地，奔赴新岗位为我国社会主义建设，谱写更新更美的篇章。

　　为中国核武器建立了历史功勋的人们，功载千秋！

中国核工业总公司二二一厂建立

一九九二年九月一日

　　"中国第一个核武器研制基地"纪念碑由221厂工会副主席、一级美术师李纯荣设计。设计以原子弹、氢弹突破为起点，以铸剑为犁、基地和平利用为历史脉线，展现"221人"在36年间，为祖国和人民所建立的历史功勋。纪念碑主体为四面锥体造型，线条简洁，雄伟壮观。碑高原设计为10.16米，象征1964年10月16日15时，我国成功爆炸第一颗原子弹。在做模型时，高度调整为16.15米。碑的南北两面，各有18块花岗岩分别镌刻着原子弹、氢弹爆炸蘑菇云浮雕。碑的西面是用仿宋体镌刻的碑文，记载着"221人"为国家国防现代化、艰苦创业、无私奉献、团结拼搏、勇攀高峰的时代精神和不朽业绩。碑的顶部四面是四只展翅翱翔的和平鸽，向世人宣告：热爱和平的中国人民，发展核武器的宗旨在于防御。碑的顶端是一颗闪亮的原子弹模型，象征着我国第一颗原子弹在这里诞生。碑的下方每面有9个盾钉，寓意221厂36年的光辉历程。纪念碑坐落在高3.8米的花岗岩平台上，四周是大理石方形石柱，南、北、西三面以铁链相连，东面留有九步台阶。1993年4月25日，"中国第一个核武器研制基地"纪念碑落成典礼隆重举行。该纪念碑已成为我国第一个核武器研制基地的地标建筑。

俗语说：一方水土养一方人。伟大的事业，产生伟大的精神。核武器是中国的"军事脊梁"。有了核武器这根坚不可摧的"脊梁"，中国没有理由不挺直腰杆，没有理由不理直气壮。221这个大熔炉，西海镇这个让共和国挺起脊梁的地方，炼就出"热爱祖国、无私奉献，自力更生、艰苦奋斗，大力协同、勇于登攀"的"两弹一星"精神。正如朱光亚同志指出的，"两弹一星"精神是几十年科研试验工作的结晶，有着丰富的内涵。

热爱祖国　无私奉献

"热爱祖国、无私奉献，是我们力量的源泉，是一种高尚的情操和品德"，是科研工作者放弃国外优越条件义无反顾回国的忘我精神，是"两弹一星"精神的鲜明底色。为了中国的原子能事业，为了创建中国第一个核武器研制基地，1958年9月底，海晏县委根据青海省委指示，决定把北山区全部及达如玉区、海东区部分群众迁到托勒牧场及附近的刚察、湟源等县安置。居住在金银滩草原上的1279户牧民顾全大局、舍家为国、远迁他乡，为新中国的核事业让出世居多年的家园故土。科学家们"干惊天动地事，做隐姓埋名人"。据统计，23位"两弹一星"功勋奖章获得者中，有近20位是在新中国成立前后从国外归来的。1948年，钱三强放弃法国国家科学研究中心研究导师的优越工作和生活条件，毅然选择回到战乱中的祖国。他曾满怀深情地说："科学没有国界，可是，科学家有祖国。""两弹一星"元勋钱学森破除一切艰难险阻，5年后走上归国之路，他的归来让中国"两弹一星"研制进程显著提速。钱学森还曾数次写信给同门师弟郭永怀："快来快来，我们拼命地欢迎你！"1956年9月底，郭永怀携全家动身归国。"两弹一星"是隐秘而伟大的事业，需要用无私的精神支撑、用奉献的精神坚守。由于保密需要，邓稼先面对妻子"去哪儿？做什么？去多久？"的追问，只能回答"不能说，不能说，不能说啊"。自此，他始终站在中国核武器研究、设计、制造的第一线，整整28年与家人聚少离多。世界知名物理学家王淦昌在面对这一项特殊的政治任务时，铿锵有力地说，"愿以身许国！"并毅然放弃得心应手的物理学基础研究，从零开始，探索核弹研制的全新事业。除了这些著名科学家，还有成千上万与他们共同奋斗的普通建设者。他们来自五湖四海，怀着舍家为国的共同心愿，把热血和汗水洒在茫茫戈壁上，洒在新中国国防事业的发展道路上，在"两弹一星"的事业中默默地奉献和牺牲。

自力更生　艰苦奋斗

"自力更生、艰苦奋斗，是我们事业的根本基点，是一种自强不息的精神和意志。"三年困难时期，基地组织农业队和捕鱼队开展生产自救。农业队在青海湖牧场和金银滩附近垦荒种地几千亩，播种了土豆、蔓菁、萝卜、蚕豆、豌豆、油菜和青稞。捕鱼队不畏严寒，日夜不停地在青海湖和附近湖泊中捕鱼，极大地解决了221基地人们的吃饭问题。有些同志激动地称收获的粮食是"救命的宝贝"，青海湖里的湟鱼到现在还被青海人深情地称为"救命鱼"。

面对世界核大国的技术封锁，氢弹设计者于敏带领团队开启了夜以继日的"百日大会战"。他们不仅要度过大西北恶劣气候下的"生活关"，还要想办法攻克"技术关"。氢弹计算复杂程度难以想象，而且当时全国唯一一台专业计算机95%的时间用于原子弹的计算，只有5%的时间留给氢弹的设计使用。于敏带领大家人手一把计算尺，开始凭脑力人工计算，通过分析堆积如山的计算纸带，归纳一条条的规律，全新的氢弹构型终于在中国人的智慧和努力中诞生。

大力协同　勇于登攀

"大力协同、勇于登攀，是我们事业的时代特征，是一种优良的科研作风和传统"，是全国上下在党的号召下为"两弹一星"事业团结协作的集体主义精神，生动地诠释了社会主义国家集中力量办大事的制度优势。"两弹一星"工程是一项重大的系统工程、国家工程。为确保研制成功，党中央、国务院、中央军委决定实行集中的统一领导和组织指挥，于1962年成立了以周恩来同志为主任的专门委员会，负责重大问题的研究决策和组织协调。"两弹一星"工程不仅工程浩大，而且系统复杂。为此，全国组织实施了大规模协同会战，各系统各单位形成了万众一心、众志成城的强大合力，充分彰显出我国社会主义举国体制的政治优势。

搞"两弹一星"，是前人从未做过的探索性工作，老一辈科学家敢于挑战困难和风险，不断开拓科技新领域。在整个"两弹一星"的研制、生产和试验过程中，处处贯穿着勇于登攀的精神。邓稼先担任原子弹理论设计负责人，在没有资料、缺乏试验条件的情况下，挑起了探索原子弹理论的重任。在遇到一个苏联专家留下的核爆大气压的数字时，邓稼先在周光召的帮助下以严谨的计算推翻了原有结论，从而解决了关系中国原子弹试验成败的关键性难题。数学家华罗庚后来称这是"集世界数学难题之大成"的成果。邓稼先和周光召合写的《我国第一颗原子弹理论研究总结》，是一部核武器理论设计开创性的基础巨著。它总结了百位科学家的理论成果，不仅对以后的理论设计起到指导作用，而且还是培养科研人员入门的教科书。

"打得一拳开，免得万拳来。"原子弹、氢弹的突破及武器化摆脱了受制于人的局面，极大地提高了我国的国防实力，广泛带动了国家科技发展和经济建设，彻底打破了帝国主义的核讹诈和核垄断，为保卫国家安全，维护世界和平，提高我国国际地位，作出了历史性贡献。正如邓小平同志1988年所说："如果六十年代以来中国没有原子弹、氢弹，没有发射卫星，中国就不能叫有重要影响的大国，就没有现在这样的国际地位。这些东西反映一个民族的能力，也是一个民族、一个国家兴旺发达的标志。"

共和国从这里挺起脊梁。

徐小兵　毛玉金

于　敏

（1926—2019）

于敏，二十八载隐姓埋名，填补了中国原子核理论的空白，为氢弹突破作出卓越贡献。他荣获"两弹一星"功勋奖章、国家最高科学技术奖、"改革先锋"称号等崇高荣誉，盛名之下保持一颗初心："一个人的生命，早晚是要消失的，能把自己微薄的力量融入强国的事业之中，也就足以欣慰了。"于敏于2019年1月16日在北京逝世，享年93岁。2019年9月17日，于敏被授予"共和国勋章"。

"我们国家没有自己的核力量，就不能有真正的独立。面对这样庞大而严肃的题目，我不能有另一种选择……能把自己微薄的力量融入强国的事业之中，也就足以欣慰了。"于敏是一个神秘人物。由于保密的原因，他的著述多未公开发表。直到1999年9月18日，于敏才重回公众视野，作为23名"两弹一星"功勋奖章获得者代表发言。在这之前，因为从事事业的保密性，他的名字"隐形"长达近30年。"惊天的事业，沉默的人生"浓缩了于敏与核武器研制相伴的一生。

"国产专家"一号

"在我这里，除了ABC，其他都是国产的……当然要留学，应该学习西方先进的科学技术，回来再给国家做点事，但不要到落叶归根时才回来，应该在开花结果的时候就回来。"

1926年8月16日，于敏出生于河北省宁河县芦台镇（今属天津市）。早在青少年时代，亡国奴的屈辱生活给于敏留下惨痛的记忆。他在天津耀华中学念高中时，以门门功课第一闻名全校。1944年，于敏考入北京大学工学院机电系。但后来他发现，因为是工学院，老师只是把知识告诉学生会用就行了，根本不讲授其原理。而他却偏偏喜欢沉浸在纯粹的理论之中，高深的物理学像一块巨大的磁石吸引着他。

1946年，于敏转到理学院物理系，将自己的专业方向定为理论物理。他在理论物理方面的天赋很快展现出来，并以惊人的记忆力和领悟力赢得教授的欣赏。1949年，于敏本科毕业，随后又考取了研究生。1951年，于敏以优异的成绩毕业。很快，他被慧眼识才的钱三强、彭桓武调到中科院近代物理研究所，专心从事原子核理论研究。

这期间，于敏与杨立明教授合著的《原子核理论讲义》是我国第一部原子核理论专著。彭桓武称赞于敏是国际上一流的核物理学家。曾有一位日本专家来中国访问，听了于敏关于核物理方面的报告后问道："于先生是从国外哪所大学毕业的？"于敏风趣地说："在我这里，除了ABC外，其他都是国产的！"这位日本专家赞叹道："你不愧是中国'国产专家'一号！"

中国的"氢弹之父"

"核武器已进入了一个新的阶段，如果丧失威慑能力，我们就要重新受到核讹诈。我们不搞核竞赛，但我们要用创新的符合我国国情的方法打破垄断。"

在《中国军事百科全书·核武器分册》中，"于敏"的条目下写着："在氢弹原理突破中起了关键作用。"

我国原子弹爆炸成功后，研制氢弹就摆到了第一位。其实，于敏也没想到这辈子会与氢弹结缘，没想到个人与国家的命运绑得这么紧。一次与钱三强的秘密谈话让他的人生改变了轨道。

1961年1月的一天，于敏奉命来到钱三强的办公室。一见到于敏，钱三强就直截了当地对他说："经所里研究，请报上级批准，决定让你参加热核武器原理的预先研究。你看怎样？"

从钱三强极其严肃的神情里，于敏明白了，国家正在全力研制第一颗原子弹，氢弹的理论也要尽快进行。

接着，钱三强拍拍于敏的肩膀郑重地对他说："咱们一定要赶在法国之前把氢弹研制出来。我这样调兵遣将，请你不要有什么顾虑，相信你一定能干好！"思考片刻之后，于敏紧紧握着钱三强的手，点点头，欣然接受了这一重要任务。

"国家兴亡、匹夫有责，我不能有另一种选择。"于敏毫不犹豫地表示服从分配。"这次改变决定了我的一生。"从事氢弹的研究，是于敏一生中最重大的转折。从此，于敏便隐姓埋名，全身心投入到深奥的核理论研究工作中。

当时国内很少有人熟悉原子能理论，在研制核武器的权威物理学家中，于敏又是唯一没有留过学的人，但是这并没有妨碍他后来站到世界科技的高峰。彭桓武院士说："于敏的工作完全是靠自己，他没有老师，他的工作是开创性的。"钱三强称，于敏的工作"填补了我国原子核理论的空白"。

研制工作初期，于敏几乎是从一张白纸开始。他拼命学习，尽量汲取国外的所有信息。在当时遭受重重封锁的情况下，他只有依靠自己的勤奋进行着艰难的理论探索。从原子弹到氢弹，按照突破原理试验的时间比较，美国用了七年零三个月，英国用了四年零三个月，法国用了八年零六个月，苏联用了四年零三个月。其中一个重要问题就是计算的繁复。我们的设备与这些国家的更无法比。国内当时仅有一台每秒万次的电子管计算机，并且95%的时间分配给有关原子弹的计算，只剩下5%的时间留给于敏用于氢弹设计。不过，穷人有穷办法。于敏记忆力惊人，他领导下的工作组人手一把计算尺，废寝忘食地计算。一篇又一篇的论文交到了钱三强的手里，一个又一个未知的领域被攻克。4年中，于敏、黄祖洽等人提出研究成果报告69篇，对氢弹的许多基本现象和规律有了深刻的认识。

1964年10月16日，我国第一颗原子弹爆炸成功，在世界上引起轰动。1965年1月，毛泽东主席在听取国家计委关于远景规划设想的汇报时指出："原子弹要有，氢弹要快。"周恩来总理代表党中央和国务院下达命令：把氢弹的理论研究放首位。同年，于敏调入二机部第九研究院。9月，38岁的于敏带领一支小分队赶往上海华东计算机研究所，抓紧计算了一批模型。但这种模型重量大、威力比低、聚变比低，不符合要求。于敏总结经验，带领科技人员又计算了一批模型，发现了热核材料自持燃烧的关键，解决了氢弹原理方案的重要课题。

于敏高兴地说："我们到底牵住了'牛鼻子'！"他当即给北京的邓稼先打了一个耐人寻味的电话。为了保密，于敏使用的是只有他们才能听懂的隐语，暗指氢弹理论研究有了突破。"我们几个人去打了一次猎……打上了一只松鼠。"邓稼先听出是好消息："你们美美地吃了一餐野味？""不，现在还不能把它煮熟……要留作标本。但我们有新奇的发现，它身体结构特别，需要作进一步的解剖研究，可是我们人手不够。""好，我立即赶到你那里去。"1965年年底，于敏开始从事核武器理论研究，在氢弹原理研究中提出了从原理到构型基本完整的设想，解决了热核武器大量关键性的理论问题，并在平均场独立粒子方面作出了令人瞩目的成绩。

1967年6月17日早晨，载有氢弹的飞机进入罗布泊上空。8时整，随着指挥员"起爆"的指令，机舱随即打开，氢弹携着降落伞从空中急速落下。十几秒钟后，一声巨响，碧蓝的天空随即翻腾起熊熊烈火，传来滚滚的雷鸣般的声音……当日，新华社向全世界庄严宣告：中国的第一颗氢弹在中国的西部地区上空爆炸成功！多年后，诺贝尔奖得主、核物理学家玻尔访华时，同于敏晤面，称赞于敏是"一个出类拔萃的人"，是"中国的氢弹之父"。

氢弹"首功"，曾三次与死神擦肩而过

朱光亚院士评价称，在突破氢弹技术途径的过程中，"于敏发挥了关键作用"。这一作用被同行评价为氢弹的"首功"。

在研制氢弹的过程中，于敏曾三次与死神擦肩而过。1969年初，因奔波于北京和大西南之间，也由于沉重的精神压力和过度的劳累，于敏的胃病日益加重。当时，我国正在准备首次地下核试验和大型空爆热试验。那时他身体虚弱，走路都很困难，上台阶要用手帮着抬腿才能慢慢地上去。热试验前，当于敏被同事们拉到小山冈上看火球时，他已是头冒冷汗，脸色苍白。大家见他这样，赶紧让他就地躺下，给他喂了些水。过了很长时间，他才慢慢地恢复过来。由于操劳过度和心力交瘁，于敏在工作现场几至休克。

直到1971年10月，考虑到于敏的贡献和身体状况，才特许已转

移到西南山区备战的妻子孙玉芹回京照顾他。一天深夜，于敏感到身体很难受，就喊醒了妻子。妻子见他气喘，赶紧扶他起来。不料于敏突然休克过去，经医生抢救方转危为安。后来许多人想起来都后怕，如果那晚孙玉芹不在身边，也许他后来的一切就都不存在了。

出院后，于敏顾不上身体未完全康复，又奔赴祖国西北。由于连年都处在极度疲劳之中，1973年于敏在返回北京的列车上开始便血，回到北京后被立即送进医院检查。在急诊室输液时，于敏又一次休克在病床上。

在中国核武器发展历程中，于敏所起的作用是至关重要的。于敏说，自己是一个和平主义者。正是因为怀抱着对和平的强烈渴望，才让本有可能走上科学巅峰的于敏，将自己的一生奉献给了默默无闻的核武器研发。

不过，于敏认为自己这一生也留下了两个遗憾。一是这一生没有机会到国外学习深造交流；二是对孩子们关心不够，没有将他们培养成对国家有所建树的人。

其实，于敏的一生中，应该说有无数次出国的机会，但是由于工作的关系他都放弃了。

从1976年到1988年，于敏的名字一直是保密的。1988年，他的名字解禁后，他第一次走出了国门。对这一次出国，于敏至今说起来甚感尴尬，但也颇有自己的一番心得。

由于工作关系，于敏此次出国是以某大学教授的身份去美国访问。在不到一个月的时间内，尽管去了许多地方，但他始终像个"哑巴"：要问也不方便问，要说也不方便说，让他备受折磨，很不好受。

他说："我这一生在和别人的交流方面有无法弥补的欠缺。博学，就必须交谈，交谈就不能是单方面的，不能是'半导体'，必须是双向交流。但从我所从事的工作来讲，和外面接触总有一个阀门，因此交谈起来吞吞吐吐，很别扭。不能见多识广，哪能博学？所以，从此以后，我就决定不再出国了，把机会多让给年轻人一些。"

在于敏家客厅里高悬着一幅字："淡泊以明志，宁静以致远。"

于敏婉拒"氢弹之父"的称谓。他说，核武器事业是庞大的系统工程，是在党中央、国务院、中央军委的正确领导下，全国各兄弟单位大力协同完成的大事业。

追忆这样一位宁静致远的大科学家，我们将他的爱国精神和崇高思想铭记心中，永感敬佩！

（作者：王建柱）

王大珩

（1915—2011）

王大珩，江苏吴县人，1936年毕业于清华大学。中国科学院学部委员（中国科学院院士）、中国工程院院士，我国现代国防光学技术及光学工程的开拓者和奠基人之一。

　　王大珩是长春光学精密机械研究所的主要创始人和首任所长，领导该所研制了我国第一埚光学玻璃、第一台电子显微镜、第一台激光器；"863"计划和中国工程院的首倡者之一；曾获全国劳动模范称号、国家科学技术进步奖特等奖、何梁何利基金优秀奖。1999年，获"两弹一星"功勋奖章。2011年7月21日，王大珩在京逝世，享年96岁。

一封信：改变中国当代科学面貌

　　1986年3月3日，王淦昌、陈芳允、杨嘉墀、王大珩四位科学家基于美国"战略防御倡议"（即"星球大战"计划）在世界各国引起的反应和各国所采取的对策，认为我国也应采取适当的对策，并提出了《关于跟踪研究外国战略性高技术发展的建议》。这是一封改变了中国当代科技面貌的信。这封信不是一份简单的建议书，而是一份战略报告，为中国未来数十年的高科技发展指明了方向。这封信的主要起草者——王大珩，就是一位站在全局高度为国家重大决策提供科学思维的战略科学家。

　　当时，面对美国的"星球大战"计划和欧洲的"尤里卡"计划等高技术计划，平时儒雅温和的王大珩难抑自己激动的情绪：不能再拖延了，中国必须有所行动！正如信中所指出的："高科技问题事关国际上的国力竞争，中国不能置之不理。""在关系到国力的高技术方

面，首先要争取一个'有'字，有与没有，大不一样。真正的高技术是花钱买不来的。"在30多年后的今天看来，这两个战略判断不仅惊人的准确，而且仍然振聋发聩。花钱买不来的，不就是如今仍然深深困扰我们的"卡脖子"技术吗？除了强调时间的紧迫性，信中还根据我国当时的经济、社会、科技发展水平提出了"突出重点，有限目标""积极跟踪国际先进水平""发挥现有高技术骨干的作用，通过实践，培养人才"等可操作的建议。

这封信如何送达决策层，也是煞费苦心。王大珩心里很清楚，科学家的战略思考要靠政治家的高瞻远瞩才能得以实现。如果走正常途径，这封信不知要经多少人批示转送，不知什么时候才能送到最高层的案头。王大珩考虑良久，想到了他熟悉的张宏。张宏有一个特殊身份—— 邓小平的女婿。从不走后门的王大珩走了他此生最大的一个后门——请张宏把这封信尽快送到邓小平那里。

1986年3月5日，邓小平在信上批示："这个建议十分重要……此事宜速作决断，不可拖延。"不久，国务院以这个建议为依据，组织制定了我国高技术发展规划，也就是著名的"863"计划。"863"计划对中国科技的长远发展产生了深远影响，中国终于站到了世界高科技竞争的起跑线上。

一次次选择：科学家的本色　爱国者的底色

"有与没有，大不一样。真正的高技术是花钱买不来的。"这是科学思维，也是战略眼光。王大珩说，应该把"863"计划看成是有战略意义的。世界科技竞争激烈，日新月异，每时每刻都在发展变化，我们必须以动态的滚动的观点来看待它，稍有懈怠便会滞后于人，受制于人。因此"863"计划的总体精神应是积极跟踪，迎头赶路。王大珩能够根据对科技与社会发展趋势的预判，着眼于国家和人民的长远利益，将科技创新与国家战略结合起来，对关键领域的科学问题和"卡脖子"技术进行前瞻性的研究布局，用科技进步引领国家和社会发展。他是具有战略眼光的科学家，也是科学家中的战略家。

战略科学家是如何成长起来的？考察王大珩早年的学习和工作经历可以发现，战略科学家具备两个至关重要的特点：科学家的本色、爱国者的底色。

1936年，王大珩从清华大学物理系毕业。1938年，考取中英庚款第六届留英公费生，赴英国伦敦帝国理工学院攻读应用光学。1941年转入英国雪菲尔大学（谢菲尔德大学），在世界著名玻璃学家特纳教授的指导下进行有关光学玻璃的研究。1942年受聘于伯明翰昌司玻璃公司，专攻光学玻璃的研究，直至1948年回国。

今天有些人读到这段简历，很难想象王大珩所经历的曲折，更难以理解他的选择，比如1942年，他为何放弃攻读博士学位而去一个玻璃公司工作？

事情要从头说起。1937年，七七事变的当天，王大珩还在清华大学的实验室做实验。然而，此时华北之大，已安放不下一张平静的书桌。王大珩只能跟随周培源南下避乱。到南方后，周培源问王大珩接下来有何打算。王大珩脱口就说："我要去兵工厂！这一路上我一直在想，现在正值国难当头的时刻，我应该为国家做点什么。想来想

去，可能我能做到的，也只有用我所学的那点东西在兵工方面尽点力了。"可惜的是，当王大珩经周培源的推荐在南京弹道研究所工作仅仅一个月后，日军就逼近了南京。王大珩只好撤退到武汉。正是在武汉，报国无门的王大珩怀揣着科学救国的梦想考取了中英庚款留英公费生。在当时，光学玻璃是世界性的尖端产品，也是战争中的关键部件，制造技术高度保密。而中国在这个领域不是落后，而是完全空白。王大珩转到雪菲尔大学，因为只有那里设有玻璃制造专业。他在研究工作非常顺利之时，毅然放弃博士学位，是因为只有去昌司公司，才能掌握研制光学玻璃的最先进技术。

中国原子能事业的开拓者和奠基人钱三强曾经这样评价王大珩的这次选择："大珩不是不知道没有博士学位对个人的不利影响，但他为了国家将来需要，作了与众不同的选择，在那个时候真是难得。"王大珩自己也说过："我们这代人是习惯了把做事放在第一位的，个人生活其次。我们做起事情来，从来不会从个人生活的角度去考虑问题，都是从国家考虑，从事业考虑。"王大珩的每一次选择，都只考虑两件事：国家需求、科学追求。他始终不失一位科学家的本色，山河破碎时，他想到的首先是科学报国。他始终怀着一颗爱国的赤子之心，为了祖国，甘愿放弃近在咫尺的学位。王大珩是一位追光者，他追求的是光学的璀璨夺目，更是祖国的光明未来。

一生的追求：勇担中国光学事业的重担

战略科学家是在极为艰苦的环境中淬炼出来的。

1948年，王大珩先到上海，后由香港经朝鲜辗转到了刚解放不久的大连，参与创建大连大学并主持创建应用物理系。1951年，经钱三强推荐，中科院任命王大珩为仪器馆筹备委员会副主任，负责仪器馆的筹备工作。

当时偌大一个中国，做不出一块光学玻璃，造不出一台真正的精密光学仪器。筹建仪器馆，是从盖房顶、填炮弹坑、清除破坦克开始的。王大珩带着第一批的28个人，在长春这片千疮百孔的土地上一锹一锹地挖，硬是挖出了一片"天地"。王大珩后来回忆说："我就是冲着'没有'这两个字来的。如果中国'有'，从前，我也许就不会那么孜孜以求了。无论如何，我是绝不会因为'没有'而退却的。从此，我开始了一生的追求——发展祖国的应用光学事业。"1953年12月，中国科学院仪器馆熔炼出我国第一埚光学玻璃，结束了我国没有光学玻璃的历史，为新中国光学事业的发展奠定了基础。

王大珩曾动情地回忆说："责任，是可以使一个人在瞬间完成某种转变的巨大砝码。当我接下仪器馆的工作，开始用中国科学院仪器馆馆长的眼光看问题的时候，当我意识到发展中国光学事业、精密仪器事业的重担已经压在我的肩头的时候，我就已不再是昨天的我了。"在王大珩的领导下，长春光机所（中国科学院仪器馆更名而来）取得了一系列令人瞩目的成就：著名的"八大件，一个汤"，我国第一台红宝石激光器，基于核爆试验需要的高速摄影机，以"150工程"为主的一系列国防科研项目……由于在"两弹一星"事业中的突出贡献，王大珩被授予"两弹一星"功勋奖章。

王大珩有一颗诚挚的爱国之心。只要是对国家民族有利的事情，他就一定要倾尽全力去做，而且无怨无悔。

七条准则：科学精神与战略思想光辉闪耀

"光阴流逝，岁月峥嵘七十。多少事，有志愿参驰，为祖国振兴。光学老又新，前程端似锦。搞这般专业很称心！" 1985年，王大珩70岁生日时填了这首词，作为对自己人生的小结。

王大珩是光学家，是中国现代光学技术及光学工程事业的开拓者和领导者。他也是非常难得的战略科学家，在光学专业之外承担了更多社会责任，对我国科技进步乃至经济、社会发展都产生了深远的影响。

1983年，中央决定改变中国科学院学部委员大会及主席团的性质和职能，要求其作为国家在科学技术方面的最高咨询机构，努力研究我国现代化问题，积极参与国家科技决策工作。王大珩在担任中国科学院技术科学部主任时，据此提出了一个观念上的重要转变，就是由等待交付任务转变为积极主动提出咨询。他说："要发挥学部委员的积极性，主动行事，用事实说明效果，来提高一些领导及社会对咨询建议的作用的认识，对决策民主化、科学化的必要性的认识，从而促使决策部门进一步自觉地下达咨询任务形成制度。这样，才能使学部名副其实地成为国家科技重大决策的咨询机构。"

1989年，王大珩与王淦昌、于敏共同向国家提出了《开展我国激光核聚变研究的建议》，得到有关方面批准后实施。

1992年，王大珩和其他5位学部委员联名向中央提出了《关于早日建立中国工程与技术科学院的建议》，得到中央和国务院的批准。1994年，中国工程院正式成立。

2001年，王大珩与20多位院士向中央上书，希望国家重视大型飞机的研制。2003年春天，他再次就此问题亲笔上书温家宝总理，提出中国要发展自己的大飞机，要以大飞机的研制发展带动众多领域的高技术产业和诸多基础学科的发展，大幅提高我国的科学技术水平。

王大珩说："咨询建议应该或必须注意到：全局性，高屋建瓴；超脱性，跨越部门；科学性，以调研为依据；现实性，符合我国国情；典型性，从一个侧面反映全局；紧迫性，注意后果；持重性，对建议决策的责任感。"时至今日，这7条准则不仅对科技咨询，更对各种智库的建设有着极强的指导意义。

国际天文学联合会将17693号星命名为"王大珩星"。这颗承载着王大珩科学精神与战略思想的天体将永远遨游寰宇，光耀苍穹。

（作者：顾超）

王希季

（1921— ）

中国卫星与成回技术专家。
两弹一星功勋奖章获得者
国际宇航科学院、中国科学院院士
2020年八月十二日 王希季

王希季，云南人，卫星和卫星返回技术专家、中国科学院院士、国际宇航科学院院士。他1942年毕业于西南联合大学机械工程系；1948年，赴美国弗吉尼亚理工学院研究院留学，获硕士学位；1950年回国，先后在大连工学院、上海交通大学、上海科技大学任副教授、教授。王希季是我国早期从事火箭及航天器的研制和组织者之一，我国第一枚液体燃料探空火箭、气象火箭、生物火箭和高空试验火箭的技术负责人，提出了我国第一颗卫星运载火箭"长征一号"的技术方案，两次获得国家科学技术进步奖特等奖，被授予"两弹一星"功勋奖章。

希求奔月日星追，季季年年奏响雷。

太浩茫茫为我用，空间无限任来回。

人类自古就有探索宇宙的梦想，"嫦娥奔月""夸父逐日"在今天已不是神话与传说。从我国第一枚液体燃料火箭研制成功、第一颗人造卫星成功进入轨道到第一颗返回式卫星发射成功，都深浸着王希季的心血。

1999年9月18日，雄伟的北京人民大会堂灯火辉煌。中共中央、国务院和中央军委联合召开表彰大会。时任中共中央总书记、国家主席、中央军委主席江泽民亲手将金光闪闪的"两弹一星"功勋奖章佩戴在王希季胸前。

荣获"两弹一星"功勋奖章对于王希季来说，可谓实至名归。他在中国航天史上创造了一个又一个第一——第一枚探空火箭技术负责人、第一枚卫星运载火箭总体方案设计者、第一颗返回式卫星首任总设计师……王希季大半辈子都忙于向苍茫太空镶嵌"中国星"。

归国的动力，源自于两张照片

1938年秋，刚刚读完高一的王希季在一位同学的鼓励下参加了西南联合大学的高考。结果他被西南联合大学机械系录取。毕业后，他抱着科学救国的一腔热血，赴美国弗吉尼亚理工学院留学，攻读动力和燃料专业，获得硕士学位。

1949年10月，王希季听到新中国成立的消息，惊喜不已，萌发了要回到祖国怀抱的想法。他拒绝了几个美国大型电厂的录用，踏上了驶回东方的"克利夫兰总统号"邮轮。他计划着回国创业，"建立大电厂，解决中国工业发展的根本问题"。

王希季的"电厂梦"没有实现，国家需要他把目光从大海转向天空。

1950年初春，呼啸的海风无法吹散他渴望报效祖国的一腔热情。这个踌躇满志的年轻人抬头仰望太平洋上空的满天星斗时，绝没有想到，10年后由他主持研制的中国首枚液体燃料探空火箭，刺破浩瀚苍穹，揭开了国人空间探索崭新的一页。

几十年后，他回忆道："归国的动力，源自于两张刊登在《纽约时报》上的照片。"王希季此言所指，分别是解放军露宿上海街头和中华人民共和国成立的照片，生长在军阀混战时期的他看到后难掩激动之情。此后，更多振奋人心的消息陆续传来，王希季归意已决，而他放弃的，是在美国攻读博士的机会和优厚的待遇。

回国初期，王希季的目标很明确，就是为家乡打造可供持续性发展的、足够大的发电站。不过，这位一心打算投身能源工业、憧憬工业救国的青年，却在归国后不久踏进了教育领域。

从大学教授到研制"一星"

王希季回国初期，即使在大连工学院作副教授时，也仍想着投身能源工业，在心中独自勾画着大电站的蓝图。在这期间，发生的一件事却改变了王希季的一生。

1957年10月4日，苏联把人类第一颗卫星送上了天，轰动整个世界。1958年5月，毛泽东主席发出"我们也要搞人造卫星"的进军号令。同年11月，王希季被调到中国科学院上海机电设计院（现为中国航天科技集团五院508所），带领一支平均年龄只有21岁、根本没见过火箭的年轻技术队伍，当起中国航天第一代"创客"。王希季的飞天之梦就从这里开始了。

他到上海机电设计院报到时，对这个专门负责运载火箭和人造卫星研究设计的保密部门一无所知，也从来没有接触过这方面的知识。在接受任务后，王希季承担起中国第一枚探空火箭的研制任务。那时王希季只有37岁。他既不具备火箭方面的专业知识，也未掌握相关的技术资料。几十年后，王希季回忆当时的情形依然感慨万千："上世纪六七十年代，全国都在'放卫星'，可真正放卫星的科研人员清楚，依照当时条件，发射能送卫星上天的火箭几乎不可能。"

没技术，没资料，没外援！"王希季们"不具备火箭方面的专业知识，既无前人经验，也无现实把握。中国的航天事业如何起步？

"只有人，其他的什么也没有。""当时就靠两个，一是集中力量办大事的政策，二是后来总结的'两弹一星'精神。"王希季忆起的那段创业岁月是现在的我们不能想象的。

在那个困难的年代里，吃着跟稀饭差不多的烂糊面，"王希季们"靠"土办法"摸石头过河。

研制工作开展得非常艰苦，面对一再受挫的严酷现实，王希季经过认真反思，向上级提出建议：从国情出发，以技术难度较小的无控制探空火箭为突破口，循序渐进地创造条件，适当的时候再开始运载火箭的研制。

真正的研制是从无控制探空火箭开始的。在杨南生副院长的亲自带领下，他们手拉肩扛地建起了发射场，王希季也开始了艰苦的设计和研制工作，上千张图纸他要一一审校。当时急需一个发动机系统实验室，新建又来不及，王希季最后选中设计院内的一个厕所门前几平方米的露天空地。他和助手们在地上搭起了液流试验台，而厕所则改装成了测试室。就这样，仅仅几个月的时间，由液体燃料主火箭和固体燃料助推器串联起来的两级无控制火箭就奇迹般地诞生了。

1960年2月19日下午，这枚完全由中国人自己设计研制的液体推进剂探空火箭发射成功了，虽然飞行高度只有8公里，却标志着我国已经向走出地球、奔向太空的征程迈出了关键性的第一步。

3年后，王希季组织设计人员又对火箭作了重大改进，探空火箭携带40公斤探测仪器一举飞上了130公里的高空。这枚火箭的箭头、箭体在弹道顶点附近分离后，分别用降落伞装置进行了回收，这为我国的探空火箭和返回式卫星研制积累了宝贵的经验。

火箭探空是我国在高新技术中较早达到国际水平的一个领域，也是我国发展航天技术的起步项目之一。在从零起步的中国航天事业中，王希季无疑是一位卓然有功的拓荒者。

太空传来"东方红"

在王希季的生命坐标上，1965年无疑要记上浓墨重彩的一笔。他所在的上海机电设计院并入七机部并搬迁至北京，更名为七机部第八设计院。王希季被任命为该院总工程师。他主持了中国第一枚卫星运载火箭"长征一号"总体方案的论证和设计工作。

这是中国进入太空的第一次大胆尝试。历史不会忘记那一刻，1970年4月24日21时35分，我国第一颗人造卫星"东方红一号"在"长征一号"运载火箭的巨大轰鸣声中，从戈壁大漠腾空而起，带着清脆嘹亮的《东方红》乐曲，带着中国人的壮志与豪情飞向太空，扶摇直上。那一刻，"放卫星的人"王希季与同志们拥抱在一起，热泪浸湿了面颊。

然而，王希季并没有陶醉在胜利的喜悦中，在取得火箭技术一系列的突破之后，他在54岁那一年，又担任了我国返回式卫星的首任总设计师。

1975年11月26日，中国第一颗返回式卫星终于穿云破雾飞上了太空。又于3天后按预定地点顺利返回地面。这颗卫星使中国成为继美国、苏联之后世界上第三个掌握卫星返回技术的国家。

到20世纪90年代，我国已发射了3个型号16颗返回式卫星。根据王希季提出的返回式卫星的基本方案，我国的返回式卫星成为研制周期最短、成本最低、发射数量最多、成功率最高的卫星系列，为国家作出了重大贡献。

1985年，航天工业部科技委员会主任任新民出访欧洲时，欧洲同行们无不钦佩地对这位老总说，中国的航天技术有两件事了不起：一件是研制出氢氧发动机，再一件就是研制出了返回式卫星。毫无疑问，王希季是创造这两个奇迹的功勋人物之一。

求真务实，甘冒风险的开路先锋

早在1958年从事航天工作开始，王希季就意识到，"发展航天技术的意义不等同于发展一般高技术，而是一项开拓天疆、造福中华民族和全人类的宏伟事业"。于是在以后的几十年里，他在各种场合都尽力阐述航天技术对我国开发利用太空资源的重要作用和深远意义。

他在国内率先提出进入太空的重要目的就是开发利用太空资源和扩大人类生存空间的观点，而且还强调，不能把空间技术只看成是科学和技术研究与发展的一个部分，而应把开拓天疆作为国策来考虑。当时，我国大部分人对发展航天事业的深远意义还缺乏应有的认识，在很多人的眼里，发射卫星就跟放礼花礼炮差不多，花大把的钱目的不过就是为了显实力、壮国威。

王希季清楚地知道，要改变这种状况，不仅需要有一个认识过程，更需要有人予以提示。于是，他先后发表多篇论文进行系统的阐述和分析。他的文章和观点在科技界和决策层中产生了较大的影响。

由此，探测研究太空环境、开发利用太空资源是发展航天技术的主导因素和主要任务，这一新的观点逐渐成为人们的共识。

半个多世纪过去了，中国航天事业完成了从无到有再到强的奇迹蜕变，王希季也早已从火箭的"门外汉"成为航天界泰斗。成功与荣耀背后，有痛心的教训，也有捍卫真理的过往。

1960年，王希季负责的三次火箭发射任务接连受挫。其中一次，因为天气状况突变，本来发射正常的火箭被风吹倒了。

"痛心啊！大家那么多的心血！岂止是沉默，很多人流泪了。"王希季向组织讲："我是技术负责人，要处分就处分我，其他人都没责任……"

"结合中国的情况来定事情，就是我们这些人通过失败得到的经验。"王希季说，中国的航天要走符合自己国情的路，不能急功近利，不能跟着外国跑，要不图虚名，务求实效。

中国18种探空火箭中，有12种是由王希季担任型号负责人研制出来的。探空火箭对运载火箭、人造卫星、气象火箭、高空探测火箭、生物火箭乃至载人航天器的研究都有很大贡献。中国的载人航天没有做大动物的试验，省了很多时间。正是因为王希季的创业团队在60年代的生物火箭上已做过狗的试验。

王希季曾经说过的一句话让许多人至今都记忆犹新："在技术问题上不能少数服从多数，而是要尊重客观规律，坚持实事求是，有时候少数人坚持的往往是正确的。"

思维活跃的设计师经常会产生新的设想，他们希望通过大胆的尝试令产品的作用与性能不断有所补充和提高。为了支持新技术的应用和推广，王希季不惜一次又一次充当"第一个吃螃蟹的人"。为此，他总是不怕惹麻烦，不怕得罪人，更不在乎是少数派，只要认准了是好的就决不放弃。他坦言："要想有新的突破，总得有人甘冒风险，肯担责任。"例如，卫星姿态控制系统数字化就是在王希季的支持下，为卫星研制工作开辟的一条新路。过去，这个项目虽然已经完全具备装星应用的条件，但当研制者提出卫星上用计算机时，却没有人敢上，连领导层也不予支持，因为20世纪80年代中期，大多数国人对"数字化"这个概念还很陌生。

面对这种局面，王希季经过认真分析，制定出相应的对策，认为值得一试，而且也有成功的把握。于是他顶住种种压力，果敢率先进行试用，实践证实效果非常理想。从此，数字化卫星姿态控制系统得到普遍应用。

像这样的事例还能举出很多很多。关键时刻力排众议充当开路先锋，一次次勇担风险而又屡立奇功的事实，使人们钦仰王希季的胆识与魄力，佩服他在工作中运筹帷幄举重若轻的驾驭能力。

最早提出载人航天技术的专家

王希季是最早建议"我国应以空间站系统为目标，从载人飞船起步来突破载人航天技术"的专家之一，也是我国最早研究载人航天技术的专家。20世纪60年代后期，他就带领研制人员提出了"曙光一号"载人飞船的初步方案。这是一个曾得到毛泽东主席批准，准备进行发射的单人飞船方案。这个计划因故夭折后，他始终留意着国际载人航天的动向，关注着我国载人航天的发展。

研制宇宙飞船的工作重新启动之后，王希季是"神舟"总体论证的高层负责人。"神舟"飞船成功地完成了首次无人飞行试验后，王希季又根据国际载人航天活动的最新动态，为我国的载人航天技术如何进一步发展献计献策。

生命虽有限，事业却无穷。为了事业的发展，王希季毫不在意自己的生理年龄，依然每天紧张不辍地工作着。他单位的保安介绍说，王老每天都来上班，"如果不生病、不下雨的话，八点半前肯定到。难以想象94岁的人还有这么大的劲头"。一台地球仪、一幅资源卫星地图，王希季的办公室里，除了和航天有关的资料用品，别的几乎什么也没有，《空间科学应用》《世界导弹大全》类的书籍码满一墙书柜，桌上几摞《空间新闻》等中外期刊堆得一尺高。

他的助手说，王老手边总有一个小本，记得密密麻麻，每隔几页贴个便笺。这位只比中国共产党年龄小几天的老人，身上仍是"创客"的节奏。说起他正在搞的新项目——"互联网+航天"，说起互联网时代航天如何服务国防、服务经济、服务民生，王希季语速不快，但思路清晰滔滔不绝。他要趁自己还有精力进行探讨的时候，抓紧利用生命中的每一年、每一天、每一个小时，为后来者将前进的道路铺得尽可能平坦一些。

科学家都有执着追求、埋头工作的共性，王希季也不例外。在中国航天界，王希季淡泊名利的崇高品格是有口皆碑的。我国第一颗人造卫星发射成功之后，很长一段时间里，与"东方红一号"和"长征一号"一起出现的主要研制者名字中都没有王希季，似乎他与这个在

中国航天史上有着划时代意义的成功毫无关系。后来有人问他，这是怎么回事？他说他对此"没有一点遗憾"，"总是很欣慰"。甚至在授予他"两弹一星"功勋奖章时，他还是那种平稳的心态："哎呀，这样对待我，我还没有想过。"一个人能够达到如此境界，实在难能可贵。

几十年的风风雨雨，早已与太空结下不解之缘，"心星相印"的王希季魂牵梦绕的始终是无垠的宇宙。这个名震寰宇的中国"航天巨星"，隐姓埋名、卧薪尝胆数十载，若不是荣获了"两弹一星"功勋奖章，恐怕许多人对他都是陌生的。

（作者：王建柱）

朱光亚

（1924—2011）

朱光亚（1924.12.25—2011.2.26）
中国核科学事业的主要开拓者之一、
"两弹一星"功勋奖章获得者。
2006年8月2日
朱光亚题赠

朱光亚，湖北武汉人，中国核科学事业的主要开拓者之一，"两弹一星"功勋奖章获得者，入选"感动中国2011年度人物"。1950年获美国密执安大学博士学位，并于当年回国；1956年4月加入中国共产党，1970年6月入伍。朱光亚是中国原子弹、氢弹科技攻关组织领导者之一，曾参与中国原子弹和氢弹的试验和研制，后又相继组织实施了核电站筹建、核燃料的生产以及放射性同位素应用等项目的研究开发计划，并参与"863"计划的制定与实施，还参与了中国工程院的筹建工作，为中国核科技事业和国防科技事业的发展作出了重大贡献。朱光亚两次获国家科学技术进步奖特等奖，还获何梁何利基金科学与技术成就奖。

与核物理结下不解之缘

1945年7月15日，在美国新墨西哥州的荒漠上，伴随着惊天动地的一声巨响，原子之火冲天而起，标志着人类由此进入了核时代。

当时的国民党政府也想搞原子弹。他们派出吴大猷、曾昭抡、华罗庚三位科学家赴美国考察，并要求每位再推荐两名年轻助手去进修深造。华罗庚推荐了孙本旺和徐贤修，曾昭抡推荐了唐敖庆和王瑞先，吴大猷则推荐了朱光亚和李政道。

朱光亚在上中学的时候即对物理产生了浓厚的兴趣。大学时，先后受教于周培源、赵忠尧、王竹溪、叶企孙、吴有训、吴大猷等著名教授，从而在学业上打下了坚实的基础。1946年9月，22岁的朱光亚随考察组秘密前往美国，踏上了中国寻觅原子弹的漫漫征途。让他们未曾料到的是，美国根本就不向任何人开放原子能技术，对国民党政府派出的中国学者也不例外。考察组只好解散，各奔东西。朱光亚则不改初衷，去了老师吴大猷的母校密执安大学，专门从事实验核物理研究工作，几年后获物理学博士学位。从此，他与核物理结下了不解之缘。在密执安大学学习的第二年，朱光亚从事核物理实验研究，发表了《符合测量方法（Ⅰ）β能谱》《符合测量方法（Ⅱ）内变换》

等论文。在核物理这门当时迅速发展的尖端学科里，留下了自己的足迹。1949年秋，他通过了博士学位论文答辩。几十年之后，已成为世界知名科学家的李政道回忆起这段往事时开玩笑说："当初派的几个人，只有派朱光亚是派对了，他回来是做原子弹了。派我是派错了，我没有做原子弹，而是迷上了高能物理。"

新中国成立的隆隆礼炮声让朱光亚终于看到了希望的曙光。

1949年秋，25岁的朱光亚通过了博士学位论文的答辩，于1950年春毅然从美国回到祖国，投入到了新中国创业的热潮中。

20世纪50年代初，朱光亚先后在北京大学、东北人民大学从事物理学的基础教学工作。在这期间，商务印书馆于1951年出版了他的个人专著《原子能和原子武器》，这大概是国内较早介绍这方面知识的著作之一。朱光亚回国后一直没有放弃搞原子弹的志向。特别是朝鲜战争爆发后，他目睹了美帝国主义利用手中的高科技和雄厚的军事实力耀武扬威的丑态，更激发了他献身国防科技的坚定信念。

1955年1月，面对帝国主义的战争叫嚣和核威胁的严峻形势，毛泽东主席向全党发出了发展我国原子能事业的伟大号召，决定在苏联的援助下，研制自己的核武器。朱光亚被召回北京大学，担任物理研究室副主任，参与组建原子能专业，担负起为中国培养第一批原子能专业人才的重任。

1957年，我国核武器研制机构急需一位负责最后产品的科学技术领导人，钱三强经过反复思考和比较，最后决定推荐朱光亚，由他担任中科院原子能所物理实验室副主任。1983年，钱三强在《谈培养学术带头人》的文章中，以当年推荐朱光亚为例指出："他（指朱光亚）那时还属于科技界的'中'字辈，选他到原子能所，是因为他有以下长处：第一，他具有较高的业务水平和判断事物的能力；第二，他有较强的组织观念和科学组织能力；第三，他善于团结人，既能与年长些的室主任合作得很好，又受到青年科技人员的尊重；第四，他年富力强，精力旺盛。实践证明，他不仅把担子挑起来了，很好地完成了党和国家交给的任务，作出了重要贡献，而且现在已经成为我国国防科学技术工作的能干的组织者、领导者之一。现在他还不到60岁，还可以为发展我国科学技术事业和培养人才继续显身手。"

毕生精力献给"两弹"

20世纪50年代末，中国被迫完全依靠自己的力量发展核事业。朱光亚被任命为我国核武器研制的科学技术领导人。年轻的朱光亚以全部的精力和智慧，投入到了庄严的事业之中。

1958年秋天，苏联援建的核工业反应堆和加速器正式移交给中方使用，中国第一个综合性的原子能科学技术研究基地诞生了。朱光亚受命于旧中国多年求索的核梦想，在新中国科学技术的腾飞中就要实现了。然而，1959年6月，即中苏签订了关于国防新技术的协定不到两年，苏联背信弃义，单方面撕毁协议，撤走了专家。我国原子弹的科研项目被迫停顿，正在试生产的企业陷于瘫痪，凛冽的寒潮席卷着中国大地。

"自己动手，从头做起，准备用八年时间，拿出自己的原子弹！"开国领袖毛泽东发出了向国防尖端技术进军的伟大动员令。

1959年7月1日，35岁的朱光亚奉命调到二机部，担任核武器研究所副所长和第四技术委员会副主任，承担起中国核武器研制攻关的技术领导重担，同时负责中子点火等主要技术课题的攻关指导工作。他协助副部长钱三强和所长李觉，组建机构，调集人员，筹备设施，一支中国核武器研制大军诞生了。

中苏关系恶化，给我国原子弹设计工作带来了极大的困难。援华苏联核武器专家平时就严密封锁有关核武器的机密情报和关键技术，撤走时又毁掉了所有带不走的资料，使中国核武器研制处于大海捞针般的困境。然而，这些都难不倒中国的科学家。朱光亚提出，就从苏联专家作的一次报告中留下的"残缺碎片"研究起。经过夜以继日地艰苦奋斗，在继承和否定交织的科学探索中，中国的原子弹理论设计终于有了重大突破。朱光亚作为研究所的主要领导人之一，负责全面的科研组织工作，既抓技术指导、业务协调，又抓科研机构、队伍的建设和管理。他严谨细致、一丝不苟的优良作风，对核武器研制成功起到了重要的保障作用。

核武器研制工作是一项综合性很强的大科学研究工程，朱光亚对这项研究在科学技术方面负全面责任。他亲自领导与指导了研制任务的分解、确定应该研究的主要科学问题和关键技术、选择解决问题的技术途径，设立课题并制定重要攻关课题的实施方案等。

在原子弹研制的关键时刻，朱光亚出任4个技术委员会之一的中子点火委员会副主任委员，同主任委员彭桓武、委员何泽慧等一起指导了几种不同点火中子源的研制与选择，并协同冷试验委员会研究确定点火中子综合可靠性的检验方法等关键课题的攻关。他善于在综合各方面（理论、实验、工程及当时的实际条件）的情况和意见基础上作出正确的科学判断，使这些课题都能在较短时间内顺利解决。他主持起草的《原子弹装置科研、设计、制造与试验计划纲要及必须解决的关键问题》是当时我国原子弹研制科技工作的重要纲领性文件，对我国在当时科学、工业基础薄弱的条件下，很快完成第一个原子弹装置的研制起到了重要作用。

20世纪60年代初，朱光亚主持起草的《原子弹装置国家试验项目与准备工作的初步建议与原子弹装置塔上爆炸试验大纲》提出将核爆炸试验分两步走，第一个装置先以地面塔爆方式，然后以空投航弹方式进行的方案，不但使我国第一次原子弹爆炸的时间提前了，更重要的是能安排较多的测试项目，用来监视原子弹动作的正常与否，检验设计的正确性。这个大纲在第一颗原子弹研究及试验中起了关键的作用。

不久，毛泽东主席仔细审阅了这份大纲，十分高兴地在上面批示："同意，很好。要大力协同，做好这件工作。"周恩来总理在听取汇报时亲切地招呼朱光亚："请坐到前边来！"当时他只有38岁，身材高大，精力充沛，思维敏捷，谈吐清晰，给周恩来总理留下了深刻的印象。

1964年10月16日，一朵黄褐色的蘑菇云在中国西北戈壁滩腾空而起，中国自行研制的第一颗原子弹爆炸成功的消息震惊了全世界。

第一颗原子弹爆炸成功后，朱光亚紧接着又开始组织实施机载核航弹爆炸试验和导弹运载核弹头爆炸试验，都取得了圆满成功，一步步实现了我国原子弹研制的"三级跳"计划。

根据毛泽东主席"原子弹要有，氢弹也要快"的指示，他们又加快研制氢弹的速度。我国第一颗氢弹于1967年6月17日爆炸成功，强烈的冲击波又一次震撼了世界。

树立起中国工程院的良好形象

在1994年6月举行的中国工程院成立暨首届院士大会上，朱光亚以全票当选为中国工程院首任院长。

此时，朱光亚比任何人都清楚地意识到自己肩上担子的分量。他思考最多的问题，就是如何发挥集体的智慧，把基础打好，不辜负党、政府和广大工程技术界同志的期望。

中国工程院成立之初的工作条件非常艰苦，连固定的办公地点也没有。后来，在解放军总政治部的支持帮助下，他们在中国人民革命军事博物馆后楼租了一层房子做中国工程院院部，这样总算挂出了中国工程院的牌子。当时没有食堂，朱光亚就和工作人员一起吃盒饭。冬天没有保温设备，饭菜送到时都已经凉了，他二话不说照样和大家一块儿吃。因为没有午休的条件，大家吃完饭便又接着工作。看到这情景，年轻人都很受感动，尤其是看到快70岁的朱光亚每次把吃不完的饭菜包好带回家时，更是深受教育。那时，中国工程院人手少，任务重，经常加班，有时到深夜，但谁也没有怨言。因为大家心里除了事业的激励外，还受到了榜样的激励。他们说："朱院长都这把年纪了还领着我们一块儿干，我们还有什么可说的。"

朱光亚任中国工程院院长的4年是院里增选院士次数最频繁、人

数发展最快的4年。在他的领导主持下，中国工程院从无到有地建立起了一套比较完善和规范的增选制度、原则和实施办法，从而保证了增选工作顺利、健康发展。在每轮评审会议上，他都要一次次地向全体院士作说明，以便大家共同遵循。1997年7月，在第一轮评审会议开始之前，他就全面理解、准确把握、严格坚持院士标准条件的问题讲了三点精神，既有原则性又便于理解掌握，取得了较好的效果。他强调的三点精神是："一要研究和注意切实用标准条件作为一个客观尺度来衡量所有候选人；二要研究和注意根据候选人工作的不同特点及其工作成果全面地、科学地评价他的科学成就和贡献；三要注意研究学风和道德问题。"

为使中国工程院的工作更好地适应全面发展的形势，1996年朱光亚主持制定了中国工程院第一个长远发展计划——《中国工程院"九五"工作计划及2010年发展若干初步设想》。在这个计划制订过程中，他先后两次主持院长办公会和一次主席团会议，进行专门讨论，初稿形成后提请全体院士征求意见，共五次易稿，最后两稿都是经过他亲自修改的。由于措施得力，针对性强，许多工作在较短的时间内取得了明显进展。

在许多基础性工作中，加强学风道德建设，是朱光亚在主持中国工程院工作时的一个重点。

1994年6月，朱光亚在当选为中国工程院院长的第一天，就向全体院士发表就职讲话。他说，我们作为中国工程院的首批院士，要在整个科技界发扬科学精神和优良学风，树立起高尚的职业道德。在1995年工程院首次增选评审会议上，他又一次语重心长地对大家说：

"国务院文件和《中国工程院章程》中都作出明确规定，中国工程院院士是国家设立的工程技术方面的最高学术称号，享有终身荣誉。因此，我们作为具有这样很高声誉的院士个人，理所应当在工程技术上要有重要成就和贡献。同时也应该具有良好的学风道德，使得中国工程院这个集体，真正成为全国工程技术界的榜样。"

1997年7月，朱光亚修订了他在院士增选会议上的讲话稿，对其中的学风道德问题又作了特别强调。他极力主张并主持设立了中国工程院科学道德建设委员会。为了发挥道德建设委员会的实际作用，他亲自向主席团推荐潘家铮、侯祥麟两位主席团成员为道德建设委会正副主任。主席团明确规定了道德建设委员会的职能，即弘扬科学精神，倡导优良学风，维护科学真理和科学道德，捍卫科学尊严，反对封建迷信和伪科学等。

荣誉面前从不谈自己，只谈别人和集体

朱光亚对自己要求非常严格，从不张扬个人。凡是接触过他的人都有这样的感触，他对自己的成就和贡献只字不提，这在中国工程科技界是有口皆碑的。这种缄默展示着这位老科学家虚怀若谷的博大胸怀。1996年初，解放军出版社策划出版了一套"国防科技科学家传记丛书"，其中他是必写对象之一。报请审批时，他二话不说，提笔把自己的名字划掉了。在有关国防科技回忆史料的文献中，都有他撰写的文章，但字里行间他都只谈别人和集体，不谈自己。朱光亚经常谦虚地说："核武器研制是一项综合性很强的系统工程，需要有多

种专业、高水平的科学家与工程技术人员通力协作。"这里，他特别提到了钱三强、王淦昌、彭桓武、郭永怀、何泽慧、邓稼先、程开甲、陈能宽、周光召、龙文光等科技专家在其中所建立的不可磨灭的功勋。

1994年3月，全国政协八届二次会议上，出席会议的近2000名全国政协委员中有96%的人投了朱光亚的票，选举他为全国政协副主席。朱光亚作为新中国的原子弹、氢弹科技攻关组织领导者之一，很少出头露面，以至于在审读他那简短而不平凡的履历时，政协委员们都受到了深深的震动。被选为全国政协副主席后，他说："实在是过奖了，要说做了一些工作，那是大家做的。我个人并没有什么值得称道的地方。"

这里还要向大家透露一件鲜为人知的事情。1996年10月，朱光亚荣获何梁何利科学技术成就奖，奖金为100万元港币。颁奖的前一天，他对身边的同志说，要把全部奖金捐出，作为中国工程科技奖助基金。身边的同志虽然知道朱光亚这样做一定是经过考虑并且是不易改变的，但还是不忍心他这样做。因为100万港币对于任何人来说都不是一个小数目，即使存在银行，当时的年利息也有不少，况且他的经济状况并不特别宽裕。

于是，有人试探性地建议他说："您实在要捐出的话，是不是从中拿出一部分，比如说50万元港币，这也不少了。"朱光亚听后十分平和地回答，说："作为中国工程科技界的工程科技奖助基金，现在有很大一部分是由海外友好人士捐助的。如果我们也能捐献出一点，虽然为数不多，也算是做一点工作和一份贡献。"乍听起来，原因非常一般，可是认真领会一下，其中包含了一份真诚的心意，一种崇高的精神境界。

尤其令人敬佩的是，他捐出100万元港币后，反复叮嘱周围的人，这件事千万不要张扬出去。不宣传不张扬自己是朱光亚的一贯风格，人们看得出，他是真心实意要这样做的。而且这件事他不让宣传，还有更深一层的意思，就是他不希望以此对别人造成影响。如果他的这种做法被别人知道了，给其他人造成了压力，他是于心不安的。因此，知情的人完全尊重了他的意见，没有去破坏他那种发自内心且十分可贵的精神。

所以，在很长一段时间里，即便是在中国工程院院士中，也很少有人知道朱光亚捐款这件事，在社会上更是鲜为人知。

朱光亚是有突出贡献的科学家，又担任过国家领导人的职务，但他在中国工程院工作的几年中，始终都把自己当成一名普通工作人员，从不搞特殊化。无论是1996年以前租房办公，还是搬进中国科技会堂新址后，他办公室的条件和几位副院长都是一样的。许多第一次到他办公室的人，几乎都这样感叹："如果不是亲眼所见，不能想象朱院长就在这样的条件下办公。"但是朱光亚从未觉得条件与自己的职务不符，相反，他还是一如既往地严于律己，处处体谅主管单位的困难。由于有一段时间中国工程院用房较紧张，他不同意为自己的警卫和司机安排休息的房间，所以他们只好各处打"游击"，有时警卫只好站在走廊里值班。中国工程院搬进中国科技会堂后，中国科协领导人曾提出请朱光亚和几位副院长到小餐厅用餐，又被朱光亚等人谢绝了，他们坚持和大家在一起吃饭。1998年，朱光亚离开中国工程院领导岗位时，他又再三叮嘱秘书等身边工作人员：办公室里所有用公费购买的书籍、资料，一册也不许带走，一定要一件一件整理登记后交上去。

中国古代有立德、立功、立言之说，在当今中国科技界也应提倡这种精神。朱光亚身上所体现出的优秀品质，是现代科学与传统美德的一种最好的结合。他是我国老一辈科学家才识与品行双馨的优秀代表，是"两弹一星"精神杰出的倡导者、培育者和实践者。钱三强认为他是"有本事的人"；王淦昌夸他"真了不起"；彭桓武评价他"细致安排争好省，全盘计划善沟通，周旋内外现玲珑"；程开甲称赞他"深思熟虑，把握航道"；他的领导刘杰、李觉则盛赞他是一位"杰出的科技帅才"。

（作者：王建柱）

孙家栋

（1929— ）

孙家栋
(1929.4.8)

两弹一星功勋奖章，国家科技进步特等奖。2009年度国家最高科学技术奖。院士。二号卫星工程总设计师。

二〇一〇年八月三十日 舟客（刘春）

作为我国卫星事业和深空探测事业的开拓者，孙家栋被称为中国航天的"大总师"：他是中国第一枚导弹总体、第一颗人造地球卫星、第一颗科学实验卫星、第一颗返回式遥感卫星技术总负责人和总设计师，也是中国第一颗通信卫星、静止轨道气象卫星、资源探测卫星、"北斗一号"工程、中国探月一期工程总设计师，中国科学院学部委员（院士），中国"两弹一星"功勋奖章、国家最高科技奖获得者，

"感动中国2016年度人物"。从"东方红一号"到嫦娥一号，从"风云气象"到"北斗导航"，背后都有孙家栋的身影。

孙家栋是我国航天事业60余年发展的一个缩影，是我国航天事业60余年发展的里程碑式人物。在我国成功发射入轨的百余颗卫星中，由他主持研制的卫星就达30多颗。此外，他的人生还与中国航天的"多个第一"紧密地联系在了一起。作为一名航天科技工作者，孙家栋参加了我国第一颗人造地球卫星、第一颗返回式卫星、第一颗静止轨道试验通信卫星以及卫星导航系统工程、月球探测工程等多个航天工程的研制工作。即使在90岁高龄之时，他仍然在为中国的航天梦呕心沥血、奋斗不息……他说："只要国家需要，我就去做！"

吃红烧肉让他与航天结缘

孙家栋生于1929年4月8日，3岁时，随父亲从祖籍山东牟平迁往哈尔滨，后又迁往营口。孙家栋的一段童年经历显示出他非凡的毅力。1935年，孙家栋上了学，和母亲一样，他也是左撇子，不被学校接受，两周以后退了学。不过，一年以后，孙家栋就学会了熟练地使用右手。到营口上学后，他已可左右开弓打乒乓球，而且各科成绩优异。

可能孙家栋自己也没想到，大学时的一次吃红烧肉的经历，竟让他和航天结下了不解之缘。

1942年，孙家栋考入哈尔滨第一高等学校土木系，中途因"二战"失学。1946年9月，他考入国民政府举办的锦州大学。1947年冬，解放军逼近锦州等地，学校受到影响，孙家栋回到沈阳，然后打算回老家——复县北老爷庙村。

在此次沈阳的旅途中，孙家栋的一个念头决定了他的巧遇和一生前途的辉煌。当时，孙家栋经济窘迫，决定去找一位在沈阳的同学，也是他三哥的同学。在同学家，他巧遇在哈尔滨工作、出差过来的三哥。三哥告诉他，哈尔滨已解放，著名的哈尔滨工业大学将很快恢复。于是孙家栋去了哈尔滨。1948年9月，他通过资格审查，进入哈尔滨工业大学预科班专修俄文。

1950年元宵节，很多同学都回家吃团圆饭去了，哈尔滨工业大学预科班安排学生晚餐吃红烧肉。孙家栋决定吃完难得的红烧肉后再回姐姐家。开饭后，校领导突然来到餐厅通知在场学生空军要来招人，当晚就要赶往北京。孙家栋毫不犹豫地报了名。他当时可真没想到，贪馋也会贪出个锦绣前程。

留苏时获斯大林纪念章

1951年9月，孙家栋和另外29名军人被派往苏联茹柯夫斯基空军工程学院学习。他的学习成绩一直名列前茅。一年后，在学院大门最显眼的"状元榜"上出现了孙家栋的照片。原来，茹柯夫斯基空军工程学院每年把年终考试获得全优的学生照片放入"状元榜"。如果年年都能保持全优，照片便会一年比一年大，一年往上挪一次。等到顶尖级的照片所剩无几之时，也就到了学生毕业的时候，这个顶尖"状元"将会获得一枚纯金质的斯大林头像奖章。这枚奖章对苏联学生来讲可以说是梦寐以求。获奖者可以比普通学生军衔高一级，优选满意的工作，还可以带双份工资休假3个月。孙家栋毕业前便获得了那枚人人羡慕的纯金奖章，这在中国留学生中屈指可数。

留学期间，最让孙家栋激动的日子莫过于1957年11月17日。当天，毛泽东主席等中央领导，在莫斯科大学音乐堂接见了全体留学生。他终生难忘毛泽东主席的讲话："世界是你们的，也是我们的，但是归根结底是你们的。你们青年人朝气蓬勃，正在兴旺时期，好像早晨八九点钟的太阳，希望寄托在你们身上……"

1958年4月，孙家栋从苏联归国，被分配到当时国防部五院一分院（中国运载火箭技术研究院的前身）总体部，那年"五一"节前，他第一次见到了时任五院院长的钱学森。当时钱学森经常到总体部检查工作，并亲临设计现场和大家讨论问题。他对快速进步的孙家栋青睐有加，两人的接触次数逐渐多了起来。

两年后，我国科技人员跟着钱学森走出了一条独立自主发展的航天之路，用国产燃料成功发射了首枚近程弹道导弹。那时孙家栋已经担任了导弹型号总体设计室主任。

工作中，钱学森的言传身教让孙家栋深受触动。

我国自行研制的一种新型火箭即将运往发射基地，按惯例产品出厂前要完成装配、测试工作。其中惯性制导系统平台上的4个陀螺应完成精确装配后，再拆下来重新包装运输。由于时间紧，车间师傅找孙家栋商量："4个陀螺是同一批次生产的，第一个能装上，其他3

个应该没问题。是不是可以不装了？"孙家栋觉得有一定道理，便同意了。没想到在发射场装配时，有个陀螺却怎么也装不上，只好立即向钱学森报告。

钱学森听了汇报后没有批评孙家栋，而是让大家仔细加工研磨后再试装，并亲自来到现场察看。孙家栋回忆道："那种精密部件研磨起来很费时间，可钱老没有不耐烦。我们从下午1点开始，一直干到第二天凌晨4点才装好，他在现场就一直陪到凌晨4点。"这件事给孙家栋留下了非常深刻的印象："虽然钱老没有直接提出批评，但那种无声的力量让人感到比批评更严厉。"此后，他在工作中严抓质量，再也不敢有丝毫松懈。

1967年，孙家栋被钱学森点将，调任第一颗人造卫星总体设计师。

促火箭发射进军海外

"东方红一号"卫星升空以后，孙家栋的名字就常常和我国卫星事业的首次连在一起。

1975年，我国第一颗返回式遥感卫星发射成功，1984年，第一颗同步试验通信卫星"东方红二号"发射成功，孙家栋都任总设计师。1986年4月，他还担任我国第二代卫星"东方红三号"、"风云二号"气象卫星、中巴合作第一颗地球资源卫星的总设计师。

20世纪80年代中期，在领导我国卫星科研工作的同时，孙家栋也开始了自己角色的转换。

1984年1月底，孙家栋正在参与"东方红二号"卫星的发射，航天部部长张钧要他立即返京，前往德国访问。因为德国政府力促与中国签订一个航天合作协议书，并且点名要孙家栋赴德谈判。孙家栋不负众望，成功获得向德国多个卫星高科技企业派员学习的机会。

1985年10月，中国政府宣布，中国运载火箭将面向国际市场，提供商业发射服务。几乎同时，孙家栋出任航天工业部副部长。从此，他更多地作为中国的谈判代表活跃在国际航天界。

中国宣布提供火箭发射国际服务的第二年，美国"挑战者"号航天飞机、"大力神"和"德尔塔"运载火箭，欧洲"阿里安"火箭相继发射失败。一些国家将目光投向中国。

1988年11月，经与美国休斯敦公司谈判，中国签订了用"长征二号E"火箭发射澳大利亚的两颗通信卫星的合同书。1989年1月，同香港亚洲卫星公司签订了用"长征三号"火箭发射"亚洲一号"卫星的合同书。但休斯敦公司告诉中方，只有美国政府发放卫星许可证，才能履行合同。

此前，美国政府提出，中美两国政府正式签署卫星发射服务协定以后，他们才能发放许可证。为此，中国航天部等部委组成中国代表团，由孙家栋任团长，于1988年10月中下旬，在北京举行第一轮谈判，最后确定：双方签署3份协议备忘录。同年12月7日，孙家栋又率领中国代表团赴华盛顿谈判，12天后签下3份备忘录。

一个月后，中美又签署了正式的关于卫星商业发射服务的协议书。孙家栋多次奔走于北京和华盛顿之间，进行多项谈判。1990年4月7日，"亚洲一号"卫星成功发射升空。此后，中国陆续为法国、巴基斯坦、德国、巴西等提供火箭、卫星服务。

挑起探月工程总设计师的重担

2000年，时任中国国防科工委副主任、中国国家航天局局长的栾恩杰频繁找到孙家栋。这两位在业内极具影响力的老航天人满怀神圣的使命感，在一起谋划着中国航天发展的战略思路。他们又把几十年来对月球资源应用有着极大兴趣的中国科学院欧阳自远找来一起切磋谋划探月工程实施的事情。孙家栋在航天发展新跨越的重要历史关头又一次发表了独到见解。

2004年2月25日，国防科工委宣布探月工程正式实施。工程组织指挥体系的建立，标志着中华民族千年奔月之梦开始启动。40多年以来，中国所有航天试验都是围绕地球的活动，而探月工程则拉开了中国深空探测的帷幕。

孙家栋组织有关专家经过充分酝酿后认为，探月工程的主要目的是从科学的角度去了解月球这个离人类最近的天体，通过对月球由浅入深地了解，促进航天工程技术带动相关产业技术的发展向更深更广的领域迈进。孙家栋作为探月工程"五大系统"总设计师，在工程方面他考虑最多的问题自然是工程目标的实现、关键技术的解决途径和大系统的配套协调。

孙家栋认为，以前几十年我们所搞的航天工程，全部都是围绕地球开展的科学研究和应用，探月工程是第一次飞离地球轨道围绕月球开展研究。中国探月工程虽然比美国、俄罗斯晚了40多年，但要在科学上走出中国的创新特色，深化人类对月球的认识，为详细探测和资源开发打好基础，要有所创新，起码要接近或达到目前国际领先水平，同时使成果在国民经济各个领域逐步得到应用。根据循序渐进的科学研究原则，将按照绕、落、回三步走的原则分步实施，这样不仅可以填补我国在月球及行星探测方面的空白，而且为与国际先进水平缩短距离提供了良好的机遇。

对航天事业魂牵梦绕

与航天打了一辈子交道的孙家栋对星空有着一种特殊的感情。他多年来养成了一个习惯，脑子里只要有问题，就会觉得茶无味，饭不香，沉默寡言，日思夜想。好几次或是半夜或是凌晨，孙家栋的老伴醒来发现床上的老头不见了，细听房间没有一丝动静，吓得她大喊。孙家栋却非常沉稳地说："你睡你的觉，不要大惊小怪。"原来，孙家栋夜里起来不由自主地到凉台上看窗外挂在空中的月亮。他仔细看着月亮慢慢地移动，心里琢磨着月亮与技术总体的相关联系。有时，他在窗前一站竟是几个小时，折腾得老伴也睡不踏实，一会儿要给他披衣服，一会儿要给他搬椅子。但有一条，老伴会看他的眼色行事，绝不敢打乱他的思绪惹他不高兴。有一次，孙家栋在凉台上从后半夜一直站到了天空泛白、月亮轮廓变淡的时候，老伴打趣地说："月亮可真好看。看够了？看出名堂了？是不是该吃早饭了？司机都该来接你了。"这时，他却似乎没有倦意，早饭比平常吃的还要多。

孙家栋身上有很多让人感到佩服和崇拜的东西，吸引人们的不仅是他的科技成果和科研历程，还有他为祖国航天事业默默奉献的心路历程和对事业的执着、对同志的真诚。与他交谈时，人们会融入一种宽松融洽的探讨氛围，感受到他宽阔的胸怀、深厚的修养、与人为善的美德。他的品德赢得了周围人的敬重、信任与亲近。几十年来，他没有为名利等世俗的东西所左右。他不断地选择有价值的人生，一次又一次地获得了事业上更大的成功。

年逾古稀，壮心不已，孙家栋仍未停止航天之路的探索。

很多人不理解，问他：早已功成名就的您为什么还要接受一项又一项充满风险的工作？万一失败了，辉煌的航天生涯就有可能蒙上阴影。

但孙家栋没有一丝犹豫。"只要国家需要，我就去做。"他说，"这是一个航天人最基本也是最重要的素质。"

探月工程是中国涉足深空探测的开始，很多新的课题和困难再次摆在了孙家栋面前。"距离远了，我们的无线通信能不能跟得上？产品的精度、准确性也对我们提出了更高要求……"2007年10月24日，中国探月卫星飞向38万公里外的月球。当成功的消息传到指挥控制室，大家欢呼跳跃之时，孙家栋却悄悄地背过身子，流下了眼泪。

孙家栋是中国当年最年轻的"两弹一星"功勋科学家，最年长的卫星工程总设计师，也是活跃在航天战线上年龄最大的航天工作者。他一生为中国航天事业奋斗拼搏，怀揣着一个梦想，就是让"中国航天的触角能够伸向更加遥远的太空"。

（作者：王建柱）

任新民

（1915—2017）

任新民 (1915年12月5日—2017年2月12日)
航天技术与液体火箭成动机技术专家
中国导弹与航天技术的奠基开拓者之一.
二〇二〇年八月二日
朱家荣于京

任新民，安徽宁国人，航天技术与液体火箭发动机技术专家。
1940年毕业于重庆军政部兵工学校大学部；1945年赴美国密歇根大
学研究院留学，先后获机械工程硕士和工程力学博士学位；1949年
8月回国。曾任七机部副部长、航天工业部科技委主任、航空航天部
高级技术顾问；1980年当选为中国科学院学部委员（院士）。他是中
国第一代液体导弹专家、"长征一号"运载火箭总设计师、中国通信

卫星工程总设计师、气象卫星工程总设计师、发射外星工程总设计师。他与屠守锷、黄纬禄、梁守槃一起被称为"中国航天四老"，是中国"两弹一星"元勋、国际宇航学院院士，两项国家科学技术进步特等奖获得者。

任新民对自己取得的突出成就看得很轻，他生前接受采访时曾对笔者说："其实我没什么好写的，我一辈子只干了一件事。"任新民轻轻说出口的"一件事"，在世人眼中却非比寻常：发展我国导弹与航天技术。在中国航天事业发展的一个个里程碑上，任新民以其智慧和汗水，深深镌刻下了自己的名字。

有一个关于任新民的流传甚广的故事。一次，一个重要的航天专家会议在北京某宾馆举行。当任新民身穿蓝色工作服，脚蹬圆口黑布鞋急匆匆地赶到宾馆时，却被服务人员挡在了门外："老师傅，你不能进去，今天这儿有重要的会议。"当听说这个瘦老头也是来开会的，服务员们甚至还不相信。这时，任新民拿出了会议出席证，他们才知道这位老人原来是中国卫星工程的总设计师，这才深表歉意地请他进去。这个故事也因而成为一段佳话。

结缘航天，投身新中国建设

1948年9月，美国布法罗大学第一次聘任了一位年轻的中国人为讲师，他就是任新民。在此执教不到一年，新中国即将成立的消息震动了大洋彼岸，任新民辞去美国的大学教职，毅然回国投身新中国建设事业。

回国后，任新民即担任了华东军区军事科学室研究员。1952年的一天，他突然接到一封电报，通知他去北京。他立刻受命北上，陈赓将军接见了他，希望他参与协助哈尔滨军事工程学院的成立工作。

任新民回忆："我在美国学的是机械工程，并非导弹、火箭。"尽管任新民颇感意外，但他决定服从组织的安排，"就这样，一封电报让我和航天结缘"。哈尔滨军事工程学院成立后，任新民被任命为炮兵工程系教育副主任兼火箭教研室主任，主讲固体火箭课程。1956年，党中央发出"向科学进军"的号召，提出发展火箭、原子弹等新兴技术，并于当年10月成立了我国第一个专门的导弹研究机构——国防部第五研究院。作为该机构的组建负责人，钱学森将任新民招致麾下，让他担任总体研究室主任、设计部主任等职。

我国的航天事业是在一片空白的基础上发展起来的，当时第五研究院参与其中的人也多是外行，仅有钱学森在美国从事过相关工作。任新民到任后的第一个任务是去接收从苏联引进的P-1导弹模型，并以此为基础进行测绘仿制，探索导弹和火箭知识，大家互教互学。

在导弹研制的关键阶段，因中苏关系紧张，苏联专家全部撤走。任新民坦率地回忆道："我国的导弹是被逼出来的。"在苏联专家撤走后的第83天，1960年11月5日，我国仿制的第一枚近程导弹发射成功。

"虽然仿制成功，但因为射程太近，并没有当即投入生产。"一年后，任新民被任命为"东风二号"导弹总设计师，力求在仿制导弹的基础上能够达到更远射程。

作为导弹的心脏，发动机直接影响导弹射程。"东风二号"导弹发动机的改型率超过60%，技术难度极大。1962年1月，我国第一台自行研制的液体火箭发动机试车成功。随后"东风二号"导弹首次试飞，但飞行69秒后坠落在距离发射地点300米外的戈壁滩上。

作为总设计师，任新民在当时承受着巨大的压力。总结经验后，经过一步步改进，第二次进行的飞行试验最终取得成功。此后，任新民相继参加了中程、中远程、远程液体弹道式地地导弹的多种液体火箭发动机的研制和试验，以及向太平洋预定海域发射远程弹道式导弹的飞行试验工作。

用炮筒做出火箭模型

在研制的初始阶段，任新民用的火箭燃料是沥青，再加过氯酸钾作为氧化物。但是他得到的过氯酸钾颗粒过大，只能用"土法"，找人用碾子碾细，这算得上是我国第一种固体复合推进剂。第一个火箭模型则是用旧炮筒做的，还在湖面试验过，后来由于特殊原因，火箭试验被迫停止。

1955年，钱学森回国，那时，任新民已经到哈尔滨军事工程学院工作，钱学森到那里参观时，与任新民有过多次接触。1956年，钱学森邀请任新民一起参与国防部五院筹建工作。

此后，任新民的名字便与中国的航天事业紧紧地联系在一起。"那时我们并不知道父亲是什么职业。"大女儿任之翔说，"但后来发现一个规律，就是只要父亲出差几个月，我们国家就有一件大好事要发生。"

"没有任老就没有我们国家的氢氧推进剂火箭，这样说一点都不为过。"中国航天科技集团一院火箭专家、中国工程院院士龙乐豪这样评价自己当年的领导。

20世纪70年代以来，任新民多次担任试验与实用卫星通信工程的总设计师。1975年3月31日，我国卫星通信工程"331"工程启动，任新民任工程总设计师。此后，人们开始亲切地称他为"总总师"。

自信自立自强是毕生信念

我国第一个导弹研究机构——国防部五院创建之时，中央领导为其确定了"以自力更生为主，力争外援和国外已有的科学成果"的方针。任新民是这一方针的忠实践行者。

1985年至1986年上半年，我国拟购买国外的通信卫星，并委托其他国家运载工具发射。一时间，这一消息在国内外吵得沸沸扬扬。

任新民在完成我国第一颗实用通信卫星的发射定点任务后，又迅速组织拟写了《关于发展我国卫星通信事业的建议》，上报国家领导人和有关部门。他直言不讳地建议："就通信卫星技术而言，我们与世界上航天技术发达的国家相比，是有不小的差距，我们要通过研制的实践才能掌握和提高这项技术水平。只要努力登攀，相信总会赶上的。"

任新民胸有成竹地表示："中国的运载火箭不仅能发射自己研制的通信卫星，发射中国购买的外国制造的通信卫星，还可以承揽国际商业发射服务。"

中央有关领导对任新民的意见与建议非常重视，相继作出批示并随后决定：依靠自己的力量研制新一代通信卫星，中止购买外国通信卫星。这对于我国乃至整个世界通信卫星事业的发展，无疑意义重大，影响深远。

"尖端技术靠买是买不来的，即便是买来了也不好掌握。"任新民对聂荣臻元帅所论述的这一观点非常认同和赞赏。1998年，国防科工委组织编写了《回顾与展望》一书，他组织撰写了论文《顾既往，瞻前途——话我国航天事业》，系统、全面地论述了继承、创新与引进的关系。在文章中，他倾诉衷肠："中国人也要就业、吃饭、穿衣、住房、出行。如果自己能干的，包括暂时还不如外国好的产品，都去买外国的，而不去自己干，那我们的工人、科技人员就会失业，不干就永远不会干，中国就会成为外国人争夺的市场，那中国也就成了人家的经济殖民地。"

坚信中国人行，坚持自信、自立、自强是任新民一生始终不渝的信念。

任新民在几十年的科技生涯中，经常对他的同事讲："凡事预则立，不立则废。制订可行的规划和计划至关重要。"

1955年，时任哈尔滨军事工程学院炮兵工程系副主任的任新民，同余家骏、周曼殊等一起，向中央军委上报了《对我国研制火箭武器和发展火箭技术的建议》。1956年，他参与了我国《1956—1967年科学技术发展远景规划纲要（草案）》的研究、讨论与制定工作，在钱学森的主持下，同王弼、沈元等一起完成了《喷气与火箭技术的建立》项目建议书，将火箭、导弹、喷气技术纳入了国家中长期科技规划，勾画出发展蓝图，对推动和促进我国航天、航空技术乃至整个国防科技事业的发展起到了重要的奠基与开拓作用。

此后，任新民作为国防部五院一分院副院长、七机部副部长，领导并参加了"八年四弹"规划（即在1965年至1972年的8年间，研制成功中近程导弹、中程导弹、中远程导弹、洲际导弹）、"三抓"规划（即在20世纪80年代前期研制成功液体远程［洲际］弹道导弹、从潜艇水下发射固体弹道导弹以及成功发射地球同步轨道的通信卫星三项任务）的研究制定工作。

在担任航天工业部科技委主任和高级技术顾问期间，任新民不遗余力地主持制定了"新三星、一箭、一论证"规划（即研制"东方红三号"通信卫星、"风云二号"地球同步轨道的气象卫星、太阳同步轨道的"资源一号"资源卫星，以新的氢氧发动机为三级的"长征三号"甲运载火箭，开展载人航天工程方案论证和重大关键技术攻关的规划）。

20世纪80年代后期和90年代前期，年逾古稀的任新民领导和参加了我国载人航天工程立项前的大量论证工作，并担任了载人飞船工程技术经济可行性方案评审组组长。

在潜心致力于谋划中国载人航天方案的论证、评审、立项和研制工作之时，这位具有战略思维的科学家，已将目光瞄准了未来，那就是推力为50吨级的大氢氧发动机、推力为120吨级的液氧煤油发动机，以及直径为 5 米、低轨道运载能力为 20 吨级的大运载火箭。

到了晚年，任新民全然不顾年事已高，竭尽全力指导和参加了一系列发动机和运载火箭的方案论证工作，奔走呼吁，促其立项。他多次致函或亲自拜访国家有关综合部门的领导以及"863"航天领域专家委员会的首席专家，反复阐明："发展航天，动力先行。研制实验大氢氧发动机和液氧煤油无污染发动机要尽早立项进行研制，只要发动机研制成功了，运载火箭的研制就有了基础。"

拄着拐棍，走进荒漠寻找残骸

中国航天事业的每一个里程碑和功勋簿上，几乎都能看到任新民的脚印，而这双总是穿着布鞋的脚，几乎从不在第一现场缺席。快 80 岁的时候，任新民还在爬发射塔架；快 90 岁的时候，"神舟一号"到"神舟五号"的每一次发射，他都到场观看……甚至 95 岁高龄时，只要他人在北京，依然亲临现场参与观看氢氧发动机的每一次试车。

1983 年，"长征三号"第一次全系统试车，仪器舱突然着火。任新民没等警报解除，顶着浓烟和消防设施喷射的水柱，直接爬上了试车台，希望通过着火点查明原因。

火箭发射失败，任新民拄着拐棍，走进荒漠寻找残骸。夜里他和同事把沙子烧热，盖到身上取暖。

任新民身材瘦弱，却极能抗压。即使数次试验失败，他仍坚持运载火箭采用氢氧发动机技术。面对领导及各种疑问，这个经历过旧时代的知识分子不惜拿性命担保："如果不成功我负全责，包括坐牢、杀头……"

气象卫星的研制遇到瓶颈，他拒绝采用国外技术，而是在国务院、原国防科工委、中国气象局等部门之间来回奔走，最终诞生的气象卫星如今供全球90多个国家和地区使用，每年数据被引用次数数以亿计。

听完任新民的汇报，时任国务院总理李鹏拨出几十亿元专款专用，时任中央军委副主席刘华清批示："当前财政实在困难，动用国库存的金子，每年出点也得干！"

据中国航天科技集团公司六院北京十一所原副所长、曾担任"长征三号甲"系列火箭发动机副总师的王桁回忆，任新民是个停不下来的人，总把"凡事预则立"挂在嘴边。任新民说："不能说等我要用什么了，再去研究这个技术，肯定来不及。必须未雨绸缪，我没法知道将来会需要什么。"

任新民家里有一本厚厚的英汉词典，一直到90多岁时，他每天仍早早起床，对照着词典翻译阅读最新的文献。他常说："即使是再有造诣的专家，不深入实际就会退化，会'耳聋眼花'，3年不接触实际，就基本上没有发言权了。""长征五号"运载火箭总指挥王珏好几次在早上6点接到任新民的电话，问他有没有看到某项研究，他说："对任总来说，永远没有退休的概念。"

任新民非常重视年轻一代航天人和国外同行的交流，鼓励他们多出去走走看看。但他有时也会严肃地批评一味推西方技术的人。一次，一位专家出国交流时没有介绍中国自主研发的技术。回国后，60多岁的他在很多人面前挨了任新民的批评："难道高鼻梁就比我们中国人聪明？"王珏曾经两次请任新民在书上题字，老人题的都是同一句话，"不唯书，不唯上，不唯洋，只唯实"。

曾在中国航天推进技术研究院任职的张恩昭回忆说，20世纪60年代，有一次任新民走进办公室，下属都起立敬礼，他摆摆手没说什么。几天后，他们收到了一份通知：即日起，在办公场所不必再向上级敬礼。

任新民被誉为"中国航天活着的历史"。在一次访谈中，任新民对记者说："让我个人来讲这段历史，这本身就是片面的，我只能是作为一个方面的资料。我给你们讲老实话，怎么用，你们将来再考虑。"

周总理称他是"我们放卫星的人"

在他生前与笔者的交谈中，任新民不禁又回忆起了1958年接收苏联导弹的往事。那一年，两枚苏制P-2导弹运抵中国。任新民代表中方参加交接仪式，并在协定上签字。

对当时的情景，他至今记忆犹新："那是在满洲里举行的交接仪式。当时已是深秋，树的叶子都已黄了并落了不少……"就这样，以P-2导弹的接收为契机，我国的导弹事业在自力更生中开始发展壮大。

1957年10月，苏联宣布成功把第一颗绕地球运行的人造卫星送入轨道，标志着人类进入了太空探索的新纪元。

1958年，毛泽东主席提出我们也要搞人造地球卫星的号召。我国的首颗卫星最后被定名为"东方红一号"，运载它的火箭为"长征一号"，任新民担任该型号的负责人。

1968年，在任新民的主持领导下，液体火箭发动机研究所研制出两种新型发动机，不仅为"长征一号"运载火箭提供了可靠动力保证，而且为我国大型火箭发动机的研制奠定了坚实基础。

1970年4月初，任新民与钱学森等人乘专机从发射场飞抵北京，向周恩来总理作发射前的最后汇报。根据"尽量把工作做细、做好"的指示，他们满怀信心，一丝不苟地完成了一切准备工作。4月24日，"长征一号"从酒泉发射场腾空而起，把我国第一颗卫星"东方红一号"送入了苍穹，卫星准确入轨，举国欢腾，世界瞩目。这表明中国初步掌握了研制多级运载火箭和发射人造地球卫星的技术，中国航天活动的序幕由此揭开。

1970年"五一"劳动节，任新民与钱学森等其他几位研制功臣在天安门城楼上受到毛泽东、周恩来等党和国家领导人的亲切接见。当时，任新民躲在人群后面，当周恩来总理向外宾介绍他时说："任新民同志，请你到前边来，不要老往后边躲，你的座位在我这边。"周恩来总理自豪地称任新民是"我们放卫星的人"。任新民回忆说："这次接见是在晚上进行的，西哈努克亲王等也在场。当时，我恰好就在后面……航天事业是集体的事业，我个人的作用很小很小，只有集体协作才会有所成就。"任新民把这次接见看成全体航天人的荣誉，当成是周恩来总理对大家的鼓励，他的虚怀若谷、淡泊名利可见一斑。

任新民的一生和中国的航天事业结下了不解之缘。他这一辈子只干了"一件事",然而,这是怎样的"一件事"啊!这件事干出了国威,书写了中国航天科学事业的辉煌。

（作者：王建柱）

吴自良

（1917—2008）

吴自良（1917年12月25日—2008年5月24日）
中国科学院院士、材料学家，"两弹一星"
功勋奖章获得者。
二〇二〇年十月十三日 周骏 徐海军 敬绘）

吴自良，浙江浦江人，物理冶金学家，1939年毕业于天津北洋大学（北洋工学院）航空机械系，后在云南垒允中央飞机制造厂、昆明中央机器厂任设计师、工程师；1943年赴美国匹兹堡卡内基理工学院冶金系学习，获理学博士学位，后任该校金属研究所博士后研究员；1949年任锡拉丘斯大学材料系主任研究工程师。他于1950年底回国，后任唐山交通大学冶金系教授，中国科学院上海冶金陶瓷所（后为上海冶金所）副所长、学术委员会主任。

吴自良长期从事国家建设急需的、关键实用材料的研制和材料科学的研究，曾负责苏联汽车钢40X代用品的研究，是我国合金钢体系建立的开拓者；领导分离铀同位素用的甲种分离膜的研制，为原子能工业和国防现代化作出了重要贡献；指导开展对大规模集成电路用硅材料的品质因素、高温超导氧化物中氧的扩散行为和作用的研究，致力于发展我国高技术材料和材料科学。1980年，他被选为中国科学院学部委员（院士）；1984年获国家发明奖一等奖；1999年被授予"两弹一星"功勋奖章。他一生以"天助自助者"自勉，"自强不息建功勋，'两弹元勋'铸辉煌"是其最好的写照。

自立当自强　热血少年志

1917年12月25日，吴自良出生在浦江县前吴村的一个知识分子家庭。受门第家风的影响，他从小在家接受私塾教育，并由此培养了远大的人生志向。以"天行健，君子以自强不息"格言为起点，开始了他的梦想探索与追求之路。

1926年，吴自良进入浦江县立浦阳小学读书，后又考入浙江省立第一中学读初中。随着少年时期的学习，他开始接触到自然科学知识，天下种种新奇事物都激发了他的求知欲。同时，他开始思考社会问题和国家大事，并逐渐明白科学对家国富强的重要意义。

1932年初中毕业后，吴自良考入杭州高级中学。这时，旧中国的内忧外患使他渐渐地领悟到：唯有奋发图强投身科技，方可救国。

1935年，吴自良被天津北洋大学的矿冶系录取。他在矿冶系学习一年后，恰逢"航空救国"的热潮，大家普遍认识到航空事业对国家发展的重要性。胸怀报效祖国的热忱之心，吴自良凭着优异的成绩转入航空机械系。

1939年，吴自良大学毕业。经学校推荐，他怀揣着航空救国梦前往云南垒允中央飞机制造厂工作。吴自良满是干劲，不仅苦学各种专业知识，还刻苦练习英语，虚心向厂里的美国工程师请教飞机制造中的各项技术。

吴自良的航空救国之路的确不甚顺利。伴随着太平洋战争的爆发，1942年，日军大举进攻缅甸，地处西南的中央飞机制造厂遭到日本飞机的毁灭性轰炸。

1943年，吴自良决定自费留美前往麻省理工学院继续学习航空。当时有关方面在组织航空厂的重建工作，通知他可以通过加入国民党重新开始他的航空救国大业。目睹过国民党种种恶行的吴自良掷地有声地告诉前来通知他的人："宁死也不加入国民党！"很快，国民党航空委员会以"逾期不报到"为由，将他除名、"永不录用"。这一"封杀令"彻底断了吴自良的航空救国之梦。学航空不得，他拾起了最初报考北洋大学时的矿冶专业。经中央机器厂厂长的推荐，吴自良决定到美国匹兹堡的卡内基理工学院学习冶金。

科学没有国度　但科学家有自己的祖国

吴自良在卡内基理工学院师从 X 射线晶体学家、物理冶金学家巴瑞特（C.S.Barett）教授和物理学家斯莫落柯夫斯基（R.Smoluchowski）教授，攻读冶金博士学位。

1948 年，他完成题为《片状铝单晶中滑移机制和内耗的关系》的学位论文，获理学博士学位，毕业后留在卡内基理工学院金属研究所作博士后研究。

1949 年 10 月，新中国成立的消息传到美国，他激动万分。面对新中国的召唤，他毅然放弃在美优越的物质生活条件和极具发展前途的工作，着手准备回国。

受国际环境制约，他的回国之路历尽艰辛。在坚定的信念和不停的努力下，他终于在 1950 年冬天突破重重阻挠，离开美国，取道日本转途香港回国。

甘做"链条人"　科技兴家国

"80 岁以前，我是根'链条'，被'挂'上了多项任务。每项任务我都超额完成了，堪称是优质'链条人'了！"吴自良说。

1956 年，新中国处于建设用人之际，在制定第一个科学技术发展远景规划的时候，国家部署了原子弹的研发任务。研制原子弹是面对当时严峻的国际形势，抵御帝国主义武力威胁和打破大国核讹诈、核垄断的有效途径。

研制原子弹，首先必须要有核材料，而核材料生产线最重要的就是它的"心脏"——一种叫作"甲种分离膜"的核心元件。它的作用是将铀-235和铀-238这对"双胞胎"同位素分开，提炼出高浓度的、可用于发生核裂变反应的铀-235。当时，全世界掌握这项技术的只有两个国家——美国和苏联。随着苏联专家的撤离，中国亟须自主研制这项技术。

"国家的需要就是我的研究方向。"抱持着这样的信念决心，吴自良放下筹备已久的研究项目，全身心投入到全新的会战之中。他担任了由上海冶金所及原子能所、复旦大学等单位的科研人员组成的第十研究室主任，主持气体扩散法分离铀同位素用的甲种分离膜的制造技术研制工作。

作为技术总负责，吴自良不仅克服困难奋战在"真空阀门"攻关会战的一线，而且积极调动其他单位创造条件为甲种分离膜的研制做好保障。甲种分离膜的研制工作没有资料可供参考，全靠大家一起摸索。碰到技术难关，吴自良和大家一起讨论，他以自力更生、自强不息的精神鼓舞着大家。

在科研工作者夜以继日的勤奋工作下，经过反复的探索、试验、分析和总结，分离膜元件研制中的技术难关被逐一攻克。1963年秋，各组任务已基本完成，实验室试制出了合乎要求的分离膜元件，其性能已达到实际应用的要求。

1964年10月16日，在大漠边陲的新疆罗布泊腾空升起了一朵"蘑菇云"。我国第一颗原子弹爆炸成功了！这一天，吴自良终生难忘，这位攻克它的功臣，在祖国的天空下流下了喜悦的泪水。

从此，中国开始拥有保家卫国、捍卫和平的核力量。

钱三强说："你们做出来的元件性能很好，分离效率比苏联的还要高！这样重要的科学成果，应该拿来报奖。"1984年，"甲种分离膜制造技术"获国家发明一等奖。

1999年9月，在即将迎来中华人民共和国50华诞的时候，吴自良接到邀请，到北京参加为研制"两弹一星"作出突出贡献的科技专家的表彰大会。在表彰大会上，吴自良被授予"两弹一星"功勋奖章。历史将永远铭记为祖国建立功勋的人们。作为甲种分离膜元件的第一发明人，吴自良从不把这项成果认为是自己的。他常常讲，这项技术的完成是响应毛泽东主席大力协同的号召，在党组织正确领导下大家共同努力的结果。在拿到国家发明一等奖的两万元奖金时，他坚持要尽可能分给当年所有参与"真空阀门"攻关会战的单位和个人。

天助自助者　严师出高徒

吴自良一直告诉学生，只有自信地生活，并积极地行动，上天才会给你格外的关照；如果受到挫折就放弃自己，上天也会放弃你。吴自良培养研究生时，不喜欢留过多的作业，他认为学生的成绩全靠自身努力。在学习的问题上，他更倡导"自强不息"。

吴自良始终秉承着"自助者天助之"的信念，以身作则、严谨治学、为人师表。他修改研究生论文时极为细致，小到标点符号，大到篇章逻辑，他都认真审阅，逐句推敲。对于博士生，吴自良注重培养其独立研究能力，引导博士生在学术上形成思考和讨论的精神。

吴自良以自己的治学严谨、热情指导、言传身教，培养了一批又一批的中青年科技人才。他们在各自的工作舞台上大放异彩，为祖国贡献着力量。

"自助者天助之。"吴自良把这句话送给他的学生，也把这句话带到了他科研、从教、生活的各个方面。

（供稿单位：中国科学院上海微系统与信息技术研究所）

陈芳允

（1916—2000）

陈芳允 (1916.4.3—2000.4.29)

"两弹一星"功勋奖章获得者，中国科学院院士、国际宇航科学院院士、中国卫星测量、控制技术的奠基人之一。

二〇二〇年七月六日

陈芳允，出生于浙江省黄岩县（今浙江省台州市黄岩区）。他是无线电电子学与空间系统工程专家、中国科学院学部委员（院士）、我国卫星测量和控制技术的奠基人之一。1938年毕业于西南联合大学物理系；1945年到英国考瑟无线电厂研究室工作；1948年回国后，先后在中国科学院物理所、电子学所，国防科工委测量通信总体研究所工作；1957年计算出世界第一颗人造地球卫星的轨道参数；1960年提出原子弹试验用的多道脉冲鉴别器的试制方案；1963年与同事研制出原子弹爆炸测试用的多道脉冲分析器；1965年担任卫星测量、控制的总体技术负责人，制定了我国第一颗人造卫星"东方红一号"的测控方案；1983年首次提出"双星定位通信系统"设想，为我国研制发展双星导航定位（北斗）系统奠定了理论和技术基础；1985年获国家科学技术进步奖特等奖；1986年与王大珩、王淦昌、杨嘉墀共同提出中国高技术发展"863"计划的建议；1990年当选为国际宇航联合会副主席；1996年获何梁何利基金科学与技术进步奖；1999年被授予"两弹一星"功勋奖章。

陈芳允是一位具有强烈爱国主义情怀的科学家。他把自己的一生与祖国的命运紧紧联系在一起，具有"祖国利益高于一切、党的事业大于一切、忠诚使命重于一切"的责任担当。"人生路必曲，仍须立我志。竭诚为国兴，努力不为私。"这首小诗是他人格和精神的真实写照。特别是"竭诚为国兴"更是点睛之笔：国家需要，使命"定"达。

知国之所望：人生定航

陈芳允5岁时入私塾，自幼就显示出超强的学习能力。升入中学后，他的国语、数学、英语等主要课程成绩优异。初中毕业时作《送秋》一文言志：送秋不送秋无所谓，对一个人来说是秋还是春、夏、冬季都要努力，不能虚度。青少年时期就能确定这样的时间观念非常难能可贵，陈芳允在之后的岁月里极其珍惜时间。他的父亲陈立信毕业于保定陆军军官学校，早年曾追随孙中山投身革命，非常关注国家和民族的命运。父亲对他说："一定要好好学习。我希望你将来不要做大官，要做大事，要在社会上立自己的业绩。"这深刻影响了陈芳允的人生之路。

1931年，陈芳允考进上海浦东中学高中部。九一八事变爆发后，15岁的陈芳允表现出了极大的爱国热情，积极参加上海学生运动、抵制日货游行、到南京请愿等爱国活动。1934年，陈芳允考入清华大学机械系，后因对物理课感兴趣而转入物理系学习，并受到吴有训、叶企孙等名师指点。在清华大学学习期间，陈芳允目睹了帝国主义侵略下的国家危亡局势，参加了一二·九运动，更加坚定了科学救国的理想抱负。1938年，陈芳允在西南联合大学物理系毕业后留校工作，结识了一生的科学伴侣——同为助教的沈淑敏。1941年，陈芳允怀着为抗日战争作出自己贡献的想法，来到了航空委员会所属的成都无线电厂研究室，在这里研制发明了我国第一架无线电导航仪。1945年，陈芳允赴英国留学进修，在考瑟无线电厂研究室从事有关电视接收机图像质量改进方面的研究，后来转入曼彻斯特工厂雷达研究室，研制英国第一套船上海用雷达，他是团队中唯一的中国人。1948年，陈芳允带着世界第一流的电子工程技术回国，在中央研究院生理生化所工作，研制出生物电子学方面的电子仪器设备。

陈芳允以祖国和民族的振兴为自己的人生发展方向定航，逐步确立了科学救国的理想抱负，正如他后来回忆所述："学生运动的参与和体会，革命队伍中熏陶，逐渐地立下了志愿，跟着共产党走，为祖国和民族的振兴而工作和贡献一切……如果说在工作中有一点成就，也正是从立志而来。"

应国之所需：测控定算

中华人民共和国成立后，发展科学技术成为当务之急。除了继续从事电子学的研究外，陈芳允还积极响应党的号召，参加各项政治活动，担任中科院上海分院工会主席。1953年，陈芳允从上海调到北京负责电子学研究所的筹建工作。1954年，电子学研究所并入钱三强所领导的物理研究所，组建成立电子研究室。

1957年，苏联发射第一颗人造卫星，陈芳允即对卫星进行了无线电多普勒频率测量，并和天文台的同志一起计算出了卫星的轨道参数。该方法成为后来我国发射人造卫星所采用的跟踪测轨的主要技术之一。1958年，他转向脉冲技术研究，成功研制出国际领先的毫微秒脉冲取样示波器。1963年，陈芳允与同事研制出原子弹爆炸测试用的多道脉冲分析器，该仪器在原子弹的爆炸试验中发挥了重要作用。1964年，他带领团队又研制出可在飞机上使用的单脉冲体制雷达，该雷达被广泛运用于我国的歼击机之中。

1965年，我国第一颗人造地球卫星研制工作正式启动，陈芳允担任了卫星测量控制的总体技术负责人，承担地面测量控制设备的研制、台站和中心的建设、轨道计算等方面的艰巨任务。经过他与其他技术人员实地考察，分别在新化、南宁、昆明、海南设立了4个多普勒测量站。解决了卫星测量的3个重要问题：卫星是否进入轨道、卫星轨道是否符合预定要求、卫星在何时到达了什么位置。1970年4月24日，中国第一颗人造地球卫星"东方红一号"发射升空，地面观测系统很快抓住目标，进行持续跟踪、测量与计算，及时预报了卫星飞经世界各地的时刻。

陈芳允坚持从我国的国情出发，走建设有中国特色航天测控发展之路。我国发射第一颗人造卫星成功后不久，他便提出发射同步定点通信卫星的计划。陈芳允经过详细调研和计算，提出用"微波统一测控系统"对通信卫星发射和定点保持时进跟踪、测轨、遥测和遥控，而不必将它们分为独立的系统以完成各自的功能。统一系统大大节省了卫星载荷的体积和重量，特别是星上天线的数目，同时也大大节省了地面设备的规模和投资。该系统对1984年和以后我国通信卫星的发射发挥了极为重要的作用，陈芳允和参加这一工作的科技人员因此获得国家科学技术进步奖特等奖。

观测卫星在海面上空的情况必须依靠测控船，特别是发射静止通信卫星。1977年，中国建造了"远望号"航天远洋测量船，成为继美、苏、法之后第4个拥有航天测量船的国家。由于船上有多种测量、通信设备，各种设备间电磁干扰严重，影响了正常工作。陈芳允利用频率分配的方法，解决了测量船上众多设备之间的电磁兼容这一重大技术难题。

谋国之所向：战略定策

陈芳允始终以战略科学家的眼光密切关注世界科学技术的发展趋势。20世纪80年代，许多国家都把发展高技术列为国家发展战略的重要组成部分。"中国的科学技术应该怎样参与激烈的国际竞争"，陈芳允反复思考这个问题，强烈的政治责任感和敏锐的科学意识驱使他有了向中央领导提建议的想法。1986年3月，陈芳允与王大珩、王淦昌、杨嘉墀联合向中央提交了《关于跟踪研究外国战略性高技术发展的建议》。经过广泛、全面和极为严格的科学和技术论证后，中共中央、国务院批准了《国家高技术研究发展计划纲要》（"863"计划），它的实施为我国在世界高科技领域占有一席之地奠定了坚实基础。1997年，耄耋之年的陈芳允与当年的其他3位院士一起提出了中国月球探测技术发展的建议，促成了嫦娥计划的产生与发展。

建设自主卫星导航系统，对于提高一个国家的国际地位、促进国民经济发展、保障经济社会安全、维护国防安全等都具有十分重要的战略意义。20世纪60年代中期，美国军方GPS（全球定位系统）开始投入使用，并长期占据垄断地位。为了打破受制于人的局面，20世纪80年代，陈芳允开始致力于研制我国自己的GPS。1983年，陈芳允等科学家提出，利用2颗同步定点卫星进行定位导航的设想，只用2颗卫星即可完成基本定位功能，这是根据我国的需求和当时经济实力确定的。该系统后来被称为"双星定位系统"。1989年，利用我国的2颗通信卫星进行了成功的演示试验，这为后来北斗卫星导航试验系统奠定了理论和技术基础。2000年10月，随着2颗北斗导航试验卫星的成功发射，我国成为世界上第三个拥有卫星导航系统的国家。

成国之所尚：楷模定格

"四十京兆一技人，爱研求实不爱名。一称专家已过誉，惭愧国人赶超心"是陈芳允对自己的自勉自谦；"一是要爱国，二是要努力工作，三是要淡泊名利"是陈芳允对家人提出的要求；"爱国、勤勉、谦逊、严谨、博学、担当、重教、见识超前"是同事们对陈芳允的评价。陈芳允于1977年加入中国共产党，在长期的科研实践中，他恪守为人民服务的理念，体现出严谨创新的科学风格、勤勉奉献的高尚人格和忠诚担当的政治品格。

生活至简，祖国至上。陈芳允对待工作是高标准，对待生活却是低标准。直到病逝前，他家里也没有一件像样的家具，就连褪色的布窗帘也舍不得换。他每次出差乘飞机都坐经济舱，到宾馆也只住标准间，不住套间。但他经常帮助经济困难的同事、资助年轻人参加考试和出国深造，为家乡的母校设立学生奖励基金。当得知清华大学一名学生需要帮助时，他捐助了1万元，这在当时是一笔不小的数目。在陈芳允儿子陈晓东的记忆里，父母像这样的捐款数目不少，"我父母一生清贫，赚的钱都在他们在世的时候捐给有需要的人了，我们后辈的生活都是靠自己打拼的"。

陈芳允对于时间的管理极其严格，几乎把所有时间都用在科研上。为了节省时间，他甚至学会了给自己理发。他认为理发是极浪费时间的行为，不是理发师在等待客人，就是客人在等待理发师，这中间浪费的时间都是极其可惜的。他不穿带拉链的衣服，因为曾经因为修拉链花了时间。他拒绝换更大的房子，因为嫌搬家浪费时间。逢年过节，他大多选择去图书馆。

陈芳允一生"竭诚为国兴"，晚年一直忙于小卫星（即北斗卫星）的研究，直到病危住院，在病房里还依然坚持作研究。2001年，经国际天文学联合会小天体命名委员会批准，国际永久编号为10929号的小行星被命名为"陈芳允星"。河汉目纵横，北斗横复直。仰望苍穹，"陈芳允星"与北斗卫星交相辉映，引领、激励着新时代广大科技工作者踔厉奋发、勇毅前行，自觉履行高水平科技自立自强的使命担当。

（作者：黄涛 王慧）

陈能宽

（1923—2016）

陈能宽（1923年4月28日—2016年5月27日）
著名金属物理学家，中国科学院院士，中国
核武器事业的奠基人之一，"两弹一星功勋
奖章"获得者。

二〇二〇年七月九日　丹青敷彩　刘西古

　　陈能宽，金属物理学家、材料科学家、工程物理学家，中国科学院学部委员（院士）；长期从事金属物理和材料科学方面的研究工作；在多种金属单晶体形变、再结晶及该材料在高温高压下的行为方面，解决了一系列有实际应用价值的理论和实际问题，为我国科学技术的发展作出了贡献。在交叉学科的工程物理研究方面，在中国原子弹、氢弹的研制，爆轰物理、炸药工艺与炸药物理化学、特殊材料冶金、实验核物理等学科领域的研究和组织领导工作中作出了重要贡献。1985年获3项国家科学技术进步奖特等奖；1986年获国家科学技术进步奖特等奖；1999年被授予"两弹一星"功勋奖章，入选"庆祝中华人民共和国成立70周年大型成就展"的1970—1979年英雄模范人物。

陈能宽的一生，为我国核武器事业发展而"隐身"戈壁荒原、深山峡谷，以身许国，俯仰无愧。从出国求学、扬名海外到毅然回国、科技报国，从青年科技栋梁到铸造核盾的支柱，他是中国爱国知识分子的典范。

扬名海外　毅然回国

陈能宽1923年出生于湖南省慈利县江垭镇一个山沟里。他自幼好学，且刻苦努力。陈能宽在常德隽新中学读初中时，受该校一位几何老师的影响，对几何学十分着迷。这为他日后进行金属结构的研究打下了良好基础。1939年初中毕业后，陈能宽以全校总分最高分考取有奖学金的长沙内迁沅陵的雅礼中学。高中期间，他的英语和理科成绩都很好，1942年以优异成绩被保送进入国立交通大学贵州分校（含当时迁到平越的国立交通大学北平铁道管理学院和交通大学唐山工学院）唐山工学院（现西南交通大学）矿冶系。留学考试刚恢复，他和妻子裴明丽（唐山交通大学，现西南交通大学土木系毕业）考取了有政府支持的自费留学，于1947年到美国耶鲁大学留学，3年后获得物理冶金学博士学位。在美国，陈能宽因与人合作发表《金属晶体中滑移线传播的微观电影显示》一文在学术界引起广泛关注。这篇文章打消了材料学界对"位错"理论的质疑，奠定了陈能宽在金属物理学领域的先驱地位。

1955年秋，中美两国在日内瓦达成"交换平民及留学生"的协议，他才真正有了归国的希望。有些美国朋友对他急于回到贫穷落后的中国的想法不理解，他说："新中国是我的祖国，我没有理由不爱她。这种诚挚的爱，就像是被爱神之箭射中了一样，是非爱不可的！"陈能宽终于在1955年11月25日，带着全家老小乘坐"威尔逊总统号"轮船，从旧金山经檀香山、日本、菲律宾、中国香港于12月16日抵达深圳，实现了回国愿望。

科技创新　为国为民

20世纪50年代，面对超级大国的核威胁、核讹诈，党和国家领导人作出了发展中国核事业的战略决策。1960年6月，37岁的陈能宽由中央选调到二机部北京九所（中国工程物理研究院前身），担任爆轰物理研究室主任。当时，我国亟须通过爆轰物理实验，对原子弹理论方案加以验证。陈能宽感到非常光荣但又有些底气不足。因为他原是学物理冶金和金属物理的，对搞原子弹所需要的核物理知识，以及有关炸药、爆轰方面的知识都不太了解。与同时代的众多科学家一样，陈能宽对"落后就要挨打"有着切身感受，爱国之心、强国之志深深地融入了他对科学的追求之中。他坚信，科学没有国界，但科学家是有祖国的。正如他谈到前辈时说的，"他们大多是从事基础研究的，很有造诣，世界知名。如果完全从个人兴趣选择出发，研制武器的吸引力就不一定处于首位。但是，他们毅然决然地以身许国，把国家安全利益视为最高价值标准"。这也正是陈能宽本人的真实写照。

陈能宽带领团队从零做起，仅用两年时间就手工造出上千枚炸药部件，做了上千次试验，初步建立起核武器爆轰物理理论和试验体系，完成了相关设计和测量研究工作，并带动了炸药及光、电测试的技术攻关。之后，在陈能宽和王淦昌等人的组织领导下，大型爆轰试验节节突破，为原子弹、氢弹突破奠定了重要基础。

1964年10月16日，我国第一颗原子弹爆炸成功；1967年6月17日，第一颗氢弹爆炸成功。随后，空投核航弹和导弹核武器先后试验成功，原子弹实现武器化，打破了超级大国的核垄断。在我国核武器加紧攻关的时候，超级大国为保持核优势，以达到的技术水平设置门槛和限制，于1963年签署了有关禁止大气层核试验的条约，妄图把中国核武器扼杀在摇篮里。如何尽快掌握地下核试验测试技术，成为摆在攻关人员面前的新挑战。陈能宽和朱光亚、王淦昌一起提早筹谋，并亲自参与大部分核试验的方案制定和组织领导，带领团队攻克了测试技术难题，使试验方式实现了从空爆、地爆向地下平洞和竖井试验的转变，试验的效费比也大大提高。

之后，他们又成功完成了从全当量到减当量的试验，打破了限当量核试验条约的限制，再一次粉碎了超级大国的图谋。对于中国核武器人而言，"争气弹"的成功只是辉煌的起步。此后数十年间，以陈能宽为代表的科学家们转战草原、戈壁、大漠、深山，默默无闻、艰苦卓绝地探索世界尖端科技，走出了一条中国特色的核武器科技事业发展道路。1996年全面禁核试验以后，核武器及其科学技术发展进入一个更新、更高的阶段。

不等不靠　自力更生

作为实验物理学家和"大科学工程"的领导者，陈能宽和老一辈科学家在科研攻关中积淀的成功经验和形成的科学方法，正是我们发展至今一脉相承的精髓所在，也是当今科技创新不断攻坚克难、实现跨越发展的法宝和利器。

为开创核武器爆轰物理学的新领域，陈能宽从掌握基本规律入手，先是自学相关基础知识，打好理论基础；再从改造简陋试验场开始，用土办法手工熬煮、搅拌、浇铸炸药，为赶进度冒着硝烟一个接着一个试验；然后就地用手摇计算机、计算尺甚至算盘处理试验数据，通过理论模拟与上千次试验的相互印证，逐步抓住了爆轰物理研究的"牛鼻子"。同时，陈能宽从有利于工程化角度提出设计思路，经过反复的计算推敲、试验验证、设计修正和论证，终于在最短规划期内研制出了第一颗原子弹的关键部件。

为了创造一种更安全、省钱的替代核爆的试验方法，陈能宽和几位专家带领攻关队伍，利用相关理论成果，从探索、失败到再探索，历经十余载，终于攻克技术难题，摸索出用系列冷试验来获取数据的科学试验方法。

在长期的科研工作中，陈能宽深深地感到，创新是一件很不容易的事情，但必须要做。他从原子弹的成功总结出，创新要以"自力更生为主，原子弹的研制技术高度保密，所以掌握技术诀窍，必须靠自力更生"，"我们理论与实际相结合，一步一个脚印，对国外走过的路，力求知其然且知其所以然，因而敢于攻关探险，能够少走弯路。我们注意在基础预研、单项技术和产品上下功夫，所以能够做出自己的发明创造来，而所花的人力、物力比国外却少得很多"。

（作者：石磊 刘婷）

杨嘉墀

（1919—2006）

杨嘉墀 (1919.7.16—2006.6.11)
空间自动控制专家，中国科学院院士，参与和参
加中国第一颗人造地球卫星姿态测量系统的研
究研制，是"863计划"发起者之一。
2020年7月11日 丹阳敬录 刘惠

作为我国自动化技术奠基者之一、航天控制技术专家、应用卫星技术的重要开拓者，杨嘉墀将一生献给了祖国的科技事业，为我国国防现代化作出了不可磨灭的贡献。

战火中的青少年

杨嘉墀出生于丝业世家，原籍江苏省苏州市吴江区的江南丝绸名镇震泽镇，祖上从事丝业，祖父曾担任震泽丝业公会会长，家族还创办了丝业小学。20世纪20年代，封建礼教仍然在中国社会占据主导地位，但由于从商，杨家的家教相比同时期的传统家庭又有所不同。杨家淡化了"士农工商"的等级排序价值观，不但严正勤俭，甚至鼓励子孙参与竞争，尊重个性的发展。杨嘉墀这一辈的兄弟姐妹数十人，都受这样相对民主的家风影响。

杨嘉墀对父母亲的感情极深。在杨嘉墀的印象中，父亲杨澄蔚不仅知识渊博，而且性格宽厚朴实、待人热诚，做事谨慎谦和，对子女的教育颇有耐心，循循善诱。母亲沈慧珍出嫁前虽没有文化，但与杨嘉墀父亲成婚后便刻苦学字，勤俭贤惠，对子女关爱备至。杨嘉墀在晚年接受采访时，提及父母，仍然充满想念。

杨嘉墀5岁生日那天，父亲没有像其他传统家庭一样给他裁制新衣，也没有按当地风俗为他打制金银配饰，反而送给他一个小型望远镜。这可把他乐坏了，接过望远镜后，小嘉墀拿在手里翻来覆去地观察了很久，新鲜不已。有了望远镜后，他经常在晚上观赏灿烂星河，寻找各种各样的星座。这不仅培养了杨嘉墀开阔的胸襟，也让他的脑海多了很多对于天空的疑问，成为日后杨嘉墀从事航天技术的第一堂启蒙课。

杨嘉墀从小就有爱观察、爱动手的习惯。在父亲的眼中，杨嘉墀是个淘气娃，尤其喜欢动手拆卸。他曾把父亲的一个时钟拆开，观察时钟内的构造，还曾把家里门把上的铜锁拆开研究，但最后两样东西都没能按原样装回去，导致父母亲只能将好多新鲜物件收起来，生怕再被他给弄坏了。有一次，小嘉墀跟随父亲坐火车去上海，快到站时，父亲发现他不见了。四处寻找未果，把父亲急得团团转。原来，小嘉墀在火车头附近的司机旁边，正全神贯注地观察火车驾驶室，连父亲走到他身边都浑然不知。此后，杨嘉墀每次坐火车都习惯走近火车头，似乎想研究其中的奥妙。

杨嘉墀在这样的家庭环境中成长到入学年龄。在当时的社会中依然流行的是私塾，但父母并未像当时的富裕家庭一样让他读私塾，而是直接将杨嘉墀送进了家族创办的丝业小学，接受新式教育。从此，杨嘉墀便在丝业小学开始学习基础西学，也知道了地球是圆的、地球以太阳为中心转圈等最基本普遍的科学知识。杨嘉墀自幼天资聪颖，学习勤奋，从小到大，他的成绩一直在班里名列前茅。他兴趣广泛，喜欢实操，总爱刨根问底，力求真相。

当时的中国正处在民族资本主义发展、民主与专制激烈交锋、国内政治动荡时期，五九国耻、五四运动、五卅运动等的纪念日的集会不断，这些爱国运动对中华民族的觉醒起到了巨大的推动作用，大大提高了中国人民的觉悟，民主与科学的思想在潜移默化中影响着所有爱国的仁人志士，杨嘉墀也不例外。在杨嘉墀的记忆中，小学每年的5月很少上课，学生们不仅经常参加各种集会游行活动，还经常组织报告会，进行演讲比赛。杨嘉墀经常与不少志趣相投的同学在街头集会游行，发传单、贴标语、喊口号，反对帝国主义的侵略行径。杨嘉墀初步接触了西方的先进科学技术和政治文化思想，他的思维也随之活跃起来。在这样的家国背景下，杨嘉墀心里很早就种下了反帝反封建、科学救国的火种。

1932年，杨嘉墀的父亲去上海一家银行就职，因此全家移居上海，杨嘉墀也转学到上海中学。刚到上海时，杨嘉墀不会讲上海话，又是转学过来的，因为一时不适应，成绩一度下滑。后来他奋起直追，最后被保送至上海中学高中部。高中时，杨嘉墀选择学习了机械工科。多门类的工科专业、先进的教材、多种类的设备，加上老师的耐心教导，结合自身的勤奋努力，为日后他从事科研工作打下了坚实的基础。

1937年7月7日，杨嘉墀参加了上海交通大学的入学考试，这一天也恰好是日军制造卢沟桥事变的日子。杨嘉墀从考场出来后便听到了这个消息，顿时心中一片愤懑。同年8月12日，正当杨嘉墀准备参加同济大学的考试以备待选时，日军即将进攻上海，考试被迫取消，大批上海民众需要转移。8月13日，日军发动了对上海的大规模进攻，上海随即陷入一片火海。杨嘉墀只好跟随父母回吴江老家避难。在战火中，杨嘉墀收到了梦寐以求的上海交通大学的录取通知，他考上了该校的电机工程系。由于日军的侵略，杨嘉墀的四年大学生活是伴随着炮声度过的，课也是上上停停，但这并没有影响他的求学之路。杨嘉墀不仅学习刻苦，还积极主动参加能够提高专业水平的各种活动，和同学们一起成立了电机工程学会，甚至还和同学王天一主办科普杂志《科学大众》，并担任该杂志的编辑。

毕业后，上海交通大学推荐杨嘉墀去西南联合大学任教，恰好他也不愿留在日寇占领区工作，父母更是深知一个中国青年知识分子留在日寇占领区不会有前途。因此，1941年夏，杨嘉墀便和几名同学一起前往昆明。在前往途中，为了解决路途中的生活费，杨嘉墀在同学王安工作的桂林无线电厂做了一段时间的临时工。这段工作经历虽然短暂，却让杨嘉墀明白自己还欠缺很多，需要继续深造。1942年，即将出国的西南联合大学机电系主任倪俊介绍杨嘉墀到中央电工器材厂工作。在那里，他开始了单路载波电话机的试制工作。杨嘉墀呕心沥血，花了两年多时间，终于在1945年研制出了中国第一套单路载波电话样机，并在昆明工业展览会上展出。

留学期间展才华

杨嘉墀因在工作中表现突出，获得了中央电工器材厂留美考试资格，最后收到美国录取通知，但由于战时各种原因，此事一直被搁置。1945年，日军战败，整个中国沉浸在巨大的胜利喜悦中。杨嘉墀终于在当年12月下旬得以回到阔别四年之久的父母身边。在上海，他跟父母表达了想出国继续深造的想法，父母都非常支持。当年留美的事情再次被提及，经过一番周折，1947年1月，杨嘉墀终于登上了去往美国的轮船，前往哈佛大学深造。到了美国，杨嘉墀再次遇到同在哈佛大学读博士的王安，两人后来一同租住在租金每月一美元的公寓里。

适应了美国的新生活和学习环境后，杨嘉墀不仅可以轻松应付哈佛大学的课程，甚至还选修了几门麻省理工学院的课程。不到一年的时间，杨嘉墀便以优异的成绩取得了哈佛大学的硕士学位。眼界和视角更加宽广后，他决定继续攻读博士学位，预备在新兴科研领域大展拳脚。杨嘉墀在博士导师的建议下，以研究一台计算傅里叶变换的模拟计算装置作为博士论文选题。当时，世界上第一台电子模拟计算机在1946年研究成功，有关这一领域的研究才刚刚起步，诸多技术尚待开发。杨嘉墀将从麻省理工学院学到的频率域网络综合方法，创造性地扩展到时间域，仅在半年内就成功研制出一台傅里叶变换器，受到了导师的赞许。1949年4月，杨嘉墀因此顺利通过了哈佛大学的博士论文答辩。

博士毕业后，导师建议杨嘉墀在雷达领域深造，这个想法与杨嘉墀不谋而合。然而，在美国当局的阻挠下，杨嘉墀没能如愿前往雷达公司就职。后来就职的一家光开关公司只能让杨嘉墀做外围的光电接收线路工作，介入不了核心层。在感到前途无望后，杨嘉墀没过多久便辞职了。

1950年5月，经哈佛大学化学系实验室同事的介绍，杨嘉墀去了宾夕法尼亚大学生物物理系工作。该系系主任是当时在学术界颇有名望的查恩斯（B. Chance）教授。杨嘉墀与他会面后，双方对彼此都很满意。杨嘉墀入职后的第一项任务是解决高速电子模拟机问题。他创造性地采用一个抛物线函数发生器，完成了四分之一平方乘法器。经过几年的运行，这台高速电子模拟机被证明设计可靠，处于领先地位。1955年，杨嘉墀在纽约科学院召开的仪器学讨论会上向专家及同行介绍了这台高速电子模拟机，受到大家的高度好评。

杨嘉墀承担的一项探索性更强的任务，是研制用来测量酶化学反应动力学过程的仪器。在跨学科学习了生物化学、数理等基础理论后，杨嘉墀采用电子学、光学、生物学等先进技术进行系统的研究、分析与设计，他终于按期成功研制了一台快速记录吸收光谱仪，工作范围可从紫外光到可见光。这一研究成果结束了手动光谱仪的历史。这台仪器被专家命名为"杨氏仪器"。杨嘉墀的研究成果不仅在《科学仪器评论》上发表，也获得了美国专利授权。

杨嘉墀的才华很快被急于建立医学电子学研究室的洛克菲勒医学研究所（现为洛克菲勒大学）看中。该研究所与查恩斯教授多次沟通后，聘请杨嘉墀为该所高级工程师，每周在该所工作三天。不久，杨嘉墀就成功研制出了生物化学的二色光谱仪、视网膜仿真仪，成为生物医学电子学的创始人。在建立侧抑制公式的过程中，杨嘉墀为哈特兰（H. K. Hartline）实验室构造了第一个模拟计算机。这台计算机上验证了侧抑制的可加性，即模拟几个互相作用的感受器群的反应所产生的抑制性影响，从而为建立哈特兰公式提供了方便的工具。后来，哈特兰教授在视觉研究中发现了侧抑制和感受野这两个重要概念，荣获诺贝尔医学与生理学奖。可以说，杨嘉墀对此也有一份贡献。

在纽约工作期间，杨嘉墀和几位从事医学电子学工作的朋友们共同发起成立了医学电子学专业委员会（属美国无线电工程师学会），编辑出版了医学电子学杂志。他在洛克菲勒医学研究所做的微电极放大器的研究成果在他回国后的1958年仍在该杂志上发表。正因为他在医学电子仪器及仿真计算机方面的开拓工作和贡献，才有了医学电子学这门学科的建立。

在美国工作期间，杨嘉墀认识了热情大方的徐斐，两人走进了婚姻的殿堂。徐斐原籍为江苏省常州市，1922年在上海出生，1947年前往美国，后毕业于波士顿音乐学院。徐斐气质高雅，颇具艺术造诣，钢琴弹得尤其好。杨嘉墀与徐斐两人虽然所学专业不同，但彼此性格却很契合，形成了科学与艺术的完美结合。

在美国求学、工作、生活的杨嘉墀，此时婚姻美满、收入稳定、生活舒适、名声渐起，可谓春风得意。然而，他并没有想在美国长期待下去。故土的一切始终在他心上，杨嘉墀一直在留意着、关注着新中国的一切。

回国助力国家科技

早在新中国成立之时，杨嘉墀就积极参加了旅美爱国学生组织的活动，迫切想了解新中国的情况和回国的渠道。但美国却制定了阻止华人回国的麦卡锡法案，不允许学习医学、理科、工科的中国留学生回国。杨嘉墀被迫留在美国等待时机。

1954年4月，周恩来总理在日内瓦举行的国际会议上，提出以在朝鲜战场上被俘的美军飞行员作为交换，让美国准许中国留学生回国。同年6月，美国迫于各方压力，准予自愿回国的中国留学生离境。此后，杨嘉墀和徐斐的父亲几次写信给他们夫妇介绍新中国的面貌，并希望他们及时回国，为国家作贡献。先行回国的同学林秉南也写信向他们介绍回国应该办理的手续。祖国的热情召唤使得早就想回国的杨嘉墀夫妇激动不已。在此期间，有其他同学、同事给杨嘉墀介绍中国台湾、南美洲等地区的工作，都被他拒绝了，他要回祖国大陆工作。

杨嘉墀加紧处理回国事宜。夫妇二人变卖了家具家电、汽车、心爱的钢琴，换成了示波器、真空管等当时国内欠缺的各类科学设备仪器。当杨嘉墀夫妇到移民局领取离境证件时，工作人员问他们是否是自愿回国时，他们大声说："是自愿的！"

1956年8月，杨嘉墀夫妇带着4岁的女儿杨西终于登上了回国的轮船，结束了近十年的海外漂泊生活，回到了祖国的怀抱。轮船抵达香港，在罗湖桥的另一端，教育部的代表早已等候多时，祖国的热情让杨嘉墀一家激动不已。教育部批准杨嘉墀一家先回上海探亲。阔别近十年，杨嘉墀和徐斐的父母终于得见儿女归来，一家人共聚天伦，所有亲人都感慨不已。在上海期间，杨嘉墀应邀参观了中科院上海生理生化研究所，并给该研究所的研究员们作了题为《生物医学仪器发展》的报告。

杨嘉墀一家到了北京后，在等待安排工作期间，多家单位盛情邀请他前去工作。当时在中科院大连化学物理研究所工作的妻妹徐晓，受中科院技术科学部主任严济慈的委托，特地从大连赶过来，极力期盼杨嘉墀能够前往中科院工作，钱学森也建议杨嘉墀可以先去中科院工作。接着，杨嘉墀被安排去中科院长春光学精密机械研究所参观。根据自己已取得的成果，结合所学专业，经过考察分析，杨嘉墀最终选择了中科院自动化及远距离操纵研究所。

在中科院安置下来后，杨嘉墀立刻投入到研究所的建设工作中。他以身作则，对所里的年轻人言传身教，对科研工作严格要求，鼓励年轻人积极学习科技、外语。在杨嘉墀的带领下，很快就培养了一支既能相互协作又能独立进行科研活动的队伍。杨嘉墀在做好所里工作的同时，还积极参加国际学术活动，学习交流最新的国际学术经验并向外扩大我国的国际影响，促进我国自动化界的对外交往。

杨嘉墀除了在自动化方面的成就，在原子弹测试、返回式人造卫星、"863"计划中同样成绩显著，承担了重要任务。

1963年1月，国防科委领导向有关部门传达了毛泽东主席、党中央关于要进行我国首次核试验的决定。当年年初，理论物理研究员们就拿出了关于第一颗原子弹理论设计的正式方案。当时，杨嘉墀已是中科院自动化研究所的副所长，作为关心世界局势、国家发展的科学家，他深知这项工作的巨大意义，也为能参与这项工作感到莫大的荣幸。在核弹试验用测试仪器研制工作中，中科院自动化研究所具体承担着三项任务：火球温度亮度测量仪、冲击波压力测量仪、现场地面振动测量仪。在研制火球温度亮度测量仪的过程中，杨嘉墀凭借深厚的知识功底和创造性思维，提出了采用反馈式光电倍增管线路的大量程温度计方案和采用变磁阻式压力传感器的方案，为整个研究工作开辟了道路。

1966年，杨嘉墀受上级指示，开始我国第一颗返回式卫星姿态控制系统的研制工作。通过反复进行各类试验，团队发现了诸多实际问题，验证了控制系统的正确性、可靠性。1975年11月，杨嘉墀参加了我国返回式人造卫星的发射。他提前4天就到达渭南测控中心，每天都和酒泉发射基地通两三次电话，了解相关数据。当时所有的专家都认为卫星不可能在3天后返回，但如果卫星运行一天就返回，将会落在人口稠密的河南西部，损失将无法估计。杨嘉墀经过精密的计算，认为卫星在3天后返回是没有问题的。虽然最终决定依然是3天后卫星返回，但杨嘉墀的压力也很大，毕竟航天技术的风险巨大。最后，卫星在运行3天后成功落在祖国大地上，我国的航天技术也因此取得了重大突破。一滴水，只有放进大海才永不干涸；一个人，只有和集体融合在一起才最有力量。杨嘉墀常说，争名当争国家名，计利当计人民利。倘若要为人民建立新的勋业，就必须以这次受勋为新的起点。在国际竞争日趋激烈的当今社会，每一步都如逆水行舟，不进则退。必须抓住每一天，利用机遇，迎接挑战，将国家的航天事业推向新阶段。

作为"两弹一星"元勋，杨嘉墀为我国科技发展作出了特殊贡献。2001年，国家天文台将一颗小行星命名为"杨嘉墀星"，以此铭记杨嘉墀院士。在漫漫太空中，"杨嘉墀星"也许是一颗普通的星，并不明亮，也不吸引眼球，但他会永远看着我们、关注我们，而我们也应当永远记住这颗明星。

（作者：宦玉娟）

周光召

（1929— ）

周光召 1929年5月15日出生

中国科学院院士，理论物理，粒子物理学家
原中国科学院院长，"两弹一星"功勋人物。
二〇二〇年四月六日

周光召与中国的核武器事业有着非常亲密的关系。众所周知，我国的核武器事业是白手起家的，一批有望冲击诺贝尔奖的科学家，义无反顾地告别了自己熟悉的专业，隐姓埋名去书写"两弹"突破的大篇章。周光召先生就是其中的杰出代表。

　　周光召将一生中最富于创造力的岁月，从1961年到1979年，将近20年的时间，无私地奉献给了核武器研制事业。当年他以拳拳报国之心，舍弃在国外已经取得斐然成绩的研究，毅然回国，与一批杰出的科学家合作，突破了中国第一颗原子弹和第一颗氢弹的研制工作，并领导了"两弹"突破后的核武器理论研究，为我国国防安全立下了丰功伟绩。深厚的理论素养，开阔的胸怀和视野，为核武器科技事业作出的卓越贡献，使他成为中国核武器发展道路的开创者和探索者之一。

在突破第一颗原子弹工作中的贡献

　　1959年，中苏交恶，刚刚起步的核武器研制事业被迫走上自力更生的道路。当时，周光召正在苏联杜布纳联合原子核研究所工作，他在高能物理方面的杰出成就使他已经蜚声国际，但他坚决要求立即回国。他在致二机部负责人的信中表示："作为新中国培养的一代科学家，我愿意放弃自己搞了多年的基础理论研究工作，改行从事国家急需的工作，我们随时听从祖国的召唤。"

　　1961年2月周光召回国，5月被任命为核武器研究所理论部第一副主任，和彭桓武、邓稼先等一批知名科学家一起从事科研工作。自此，他全身心地投入到一个全新的研究领域，曾在西北高原经受风雪磨砺，曾在四川山沟困顿辗转，也曾在"文化大革命"中遭受冲击，但他始终以事业为重，夜以继日，无怨无悔。

　　1961年上半年，我国第一颗原子弹的总体力学计算正进入非常

紧张的阶段。以前苏联顾问向二机部领导介绍情况时口授过几个极其简要的数据，其中有一个关键数据怎么计算也对不上。专家们从不同角度以不同方法查找原因，提出各种改进计算的建议，全过程的计算整整进行了9次，但问题始终解决不了。多次重复的数据，都在表明我们的计算没有出错，但却缺乏有说服力的论证，这种情况引发了激烈的辩论。

周光召来所后立即加入了这场科学辩论，他仔细分析了9次计算的全过程，认定大家的计算是合理的。这意味着对苏联专家的质疑。但是，一个从未搞过原子弹的人想要否定苏联原子弹专家给出的数据，谈何容易！

1961年的夏天，周光召巧妙地以物理学的基本定律最大功原理，论证了苏联专家提供的数据"不可能"。这一论证说服了所有在座的专家，第一颗原子弹研制过程中的"拦路虎"这才算是被放倒了，理论设计工作得以继续进行。

这就是著名的"九次计算"。通过9次计算，坚定了中国核武器研制集体自力更生的信心，所体现出来的"两弹精神"，对我国高科技事业发展有着不可估量的强力推动作用。

在开始自主设计原子弹时，无论是年轻的科研人员，还是像邓稼先、周光召这样的领导者，对爆轰理论、冲击波理论等基础理论都比较陌生，因此理论部经常安排集体学习。周光召以理论物理学家的敏感，认识到在应用研究中基础研究的重要性，他特别重视相关基础理论的学习，很快掌握了这些理论的精髓。他和邓稼先等人带领一帮刚出校门的青年学生，边学边摸索总结，逐步深入到爆炸理论、辐射流体力学、高温高压物理、计算力学、中子物理等领域的研究中，获得了许多具有重要应用价值的理论研究成果，为中国第一颗原子弹、第一颗氢弹的研制成功，也为今后战略核武器设计、定型，提供了可靠的依据。第一颗原子弹理论设计方案就是由周光召和邓稼先共同执笔完成的。该方案详尽地论述了原子弹起爆的各个阶段与进程，长达一百多页，上报中央专委，是一份弥足珍贵的历史文献。

1963年，在第一颗原子弹设计的紧张工作中，周光召敏锐地察觉到托马斯－费米状态方程的量子修正的重要作用。这项研究工作难度很大，当时仅有苏联科学界发表了零星的论文，周光召花了几个月的时间，用密度泛函和量子场论的方法，推导出闭路格林函数，相比国外较为复杂的研究方法，他的方法更为简洁。这是一项开创性的成果，一直在核武器理论研究中发挥重要作用。

在突破第一颗氢弹工作中的贡献

突破原子弹后，周光召又深入到氢弹原理的探索中。当时有关氢弹的资料和信息极度匮乏，周光召组织了一个调研组，通过有限的渠道千方百计搜集外界信息，但所得寥寥。科研人员下定决心，要靠自己的力量攻克氢弹。

如果说原子弹的突破，早期还曾得到过苏联的一些启发，那么氢弹的突破，则完完全全是依靠中国人自己的智慧和勤奋。在氢弹攻关的艰苦岁月里，核武器研究者真正做到了群策群力、全力以赴、充分民主、集思广益。研究人员定期在会议室召开学术鸣放会，大家各抒己见，畅所欲言，任何人都可以到小黑板前提出自己的思考和意见，一个又一个很有价值的设想不断将工作推向深入。

彭桓武、周光召、于敏等科学家经常开设讲座，与科研人员共同探询未知的新领域。周光召就曾传授高温高压下等离子体物理方面的知识，这是核武器研究所的科研人员第一次接触等离子体物理方面的知识。

周光召授课，如同他做科研一样严谨细致。他在撰写讲稿时反复推敲，在授课过程中还不断修改完善，最后才形成讲义。当时的条件艰苦，讲义整理好后科研人员自己刻蜡板油印，发下去作为学习参考资料。至今北京应用物理与计算数学研究所的所史展览馆还保存着一份当年的油印书，这是一份意味深长的纪念：艰苦的物质条件，映衬出饱满的意志和高昂的精神状态。

当时，在彭桓武的安排下，周光召、黄祖洽、于敏各率领一个研究小组，从不同方向对氢弹原理发起攻关。周先生的小组组员学科搭配较好，基本功扎实，在他的带领下，小组逐步深入到氢弹原理的探索中去。1965年夏，他举办了一系列报告会，阐述对氢弹结构和爆炸原理的思考和认识，吸引了许多其他科室人员参与旁听和讨论。后来，于敏领导的另一个攻关小组成功提出了氢弹设计原理，也证实了周光召关于氢弹构型非球形的猜测。

当于敏的研究小组经过"百日会战"取得重要进展后，周光召和黄祖洽立即调整本组工作安排，集中力量、全力以赴地对于敏小组的方案开展深入研究，绝没有因为不是自己提出的方案而有丝毫的犹豫和迟疑。那时的科研人员，都为同一个目标奋斗，真正将个人融入到集体的事业中。这是他们留给后辈最宝贵的财富。

由于周光召领导和培养的研究小组在计算方法方面已经拥有了一个重要工具，突破了武器结构球形的限制，所以他们很快把科研工作推向深入。经过核武器研究所理论部全体人员不断地讨论和推敲，氢弹理论模型得到了进一步的完善。1966年12月底，氢弹原理实验获得圆满成功。1967年6月17日，中国第一颗氢弹爆炸成功。从第一颗原子弹到第一颗氢弹，中国人只用了短短的2年8个月，是所有核大国中突破速度最快的，充分说明中国科技工作者的集体智慧和创新能力。以于敏、黄祖洽、周光召为代表的科研工作者的杰出贡献，在中国核武器研制史，乃至中华民族复兴史上写下了光辉篇章。

长期领导我国核武器理论研究工作

作为核武器研究所理论部第一副主任，周光召是核武器理论研究工作的重要领导者。20世纪70年代中期，他担任了北京应用物理与计算数学研究所所长。

氢弹突破后，型号化装备部队成为重要任务。他往返奔走于北京和西北核试验场，参加核试验任务，指导试验后的实验分析，寻求改进设计。我国装备部队的第一代核武器理论设计主要就是在周光召的领导下完成的。

当时，"文化大革命"使国家秩序混乱不堪，科研工作受到极大冲击。如今回过头来看这一段历史，作为领导者，周光召以自己的威望与远见卓识，成为研究所的"定盘星"，为国家核武器科技事业的发展发挥了重要作用，产生了深远影响。

1969年底，因为林彪的"一号命令"，研究所被迫搬迁到四川三线山沟。三线单位新址的条件极其简陋，无法正常开展科研工作，科研人员的生活也没有保障。周光召果断决策，让科研人员分批返回北京，借助北京的计算机资源继续攻关国家任务。在长期"出差"工作中，周光召和其他所领导不得不顶着上级的压力，直面人才不断流失的不利局面，克服没有户口等具体困难，确保了繁重的国家任务圆满完成。

在艰难困苦的局面下，周光召坚持以高远的视野审视核武器科技事业发展。当时国际核武器研制工作进展很快，特别是美国，发展了比当量很大的氢弹技术，以及更有威力的新型核武器。在这样的形势下，周光召认为我国的核武器事业还需要进一步发展，要赶超国际先进水平。他在所里组建了一个调研组，陈乐山、贺贤土、杜祥琬等年轻科研骨干都加入进来，追踪和研究国际先进核武器的发展状况和趋势，为下一步工作做好规划。

1975年前后，周光召先生组织了一次核武器研究所历史上十分重要的调研和规划，确定了"两弹"突破后的第二阶段发展目标。周光召顶着巨大压力开展这项工作。当时二机部领导一再指示研究所彻底离开北京，完成搬迁三线的任务，希望研究所的工作重点转移到搬家上去。在如此被动的局面中，这份远见卓识的规划，体现了周光召作为科学巨匠的广阔胸襟和非凡气度。而这前瞻性的视野，对研究所的发展产生了重要影响：进一步确立了理论设计研究在核武器研制工作中的龙头地位——按照"理论先行探索，理论精心设计，一次试验，多方收效"的原则，科研人员不断总结"两弹"突破的成功经验，慎重选择实现目标的技术途径，保证了过程中不走弯路或少走弯路，逐渐形成了一条有中国特色的核武器发展之路。

按照既定规划，科研人员于20世纪80年代成功掌握了中子弹和核武器小型化设计技术，完成了我国核武器从第一代向第二代的过渡，使中国的核武器研制水平达到国际前列。

值得一提的是，在这次重大调研中，周光召的爱人郑爱琴女士发挥了重要作用。郑爱琴原先是学化工的，调到研究所后，她放弃了自己的专业，运用出色的外语能力，在调研、分析情报的过程中果断找准几个关键因素，为获取准确信息立下了汗马功劳。

科学精神泽被后生

20世纪70年代后期，周光召离开了核武器研究工作，重新回到粒子物理的世界。他对核武器研究的学科建设、人才培养、科研管理等方面产生了深远的影响。

周光召为人严谨，要求严格。早在第一颗原子弹攻关时期，为使科研活动有序进行，他辅助理论部主任邓稼先，对科研人员进行"三老四严"即做老实人、说老实话、办老实事，工作严谨、态度严肃、要求严格、措施严密的学风教育，施行了一系列规范的科研管理制度，解决了科研交流中混乱、差错、浪费等问题，保障了科研工作按计划顺利进行。

事业起步阶段的作风建设，形成和影响了研究所的科研风气。严谨、严肃、严格、认真的要求，始终贯彻在各方面的工作中，历届新入所的人员首先就要接受这种传统教育。

周光召是一位高明的理论物理学家，在数学和物理方面的造诣很深。他狠抓基础研究，促进和发展了相关学科的建设。他注重培养和锻炼技术骨干，善于分解任务，将复杂的工程分解提炼成一个个基础研究问题，合理安排科研人员进行攻关。许多同志回忆：周光召安排的课题比较难，但指导得很细，不但交代研究方法，甚至还提出可供参考的文献。做完后，他还要求研究人员做报告，无论多忙，他都要安排时间听报告、参加讨论。在他的帮助与鼓励下，年轻科研人员学习热情极高，成长都比较快。

20世纪60年代初，掌握原子弹原理以后，在周光召安排下，一批青年科研骨干去青海221厂理论联系实验。当时的一个年轻人胡思得清晰地记得，出发之前，周光召语重心长地对他说："一个有作为的科学家，不仅要重视理论，而且一定要重视实验，要抓住理论与实验结果不一致的地方，发现理论或实验的不足，寻求新的突破。"这是在科研方法上授人以渔的指导，理论联系实验果然造就了一批工程物理方面的优秀专家。

周光召一直大力倡导学术民主风气，他很怀念"两弹"突破时期的学术气氛。2005年，周光召应邀回研究所做学术报告，他再一次嘱咐青年科技工作者：学术民主、自由讨论，是"两弹精神"最重要最独特的体现，没有科学民主的精神追求，我们的"两弹"不会如此迅速地突破，没有自由争鸣的风气涵养，新中国自己的核武器人才队伍不会如此迅速地成长。

周光召对核武器研制工作的感情很深，始终关注研究所的发展。因为历史原因，研究所的对外开放程度一直受到限制。周光召主张核武器研究者要加强学术交流，他到中国科学院任职后，屡屡推荐研究所科研人员参与国际学术论坛。在他的积极举荐与引导下，贺贤土、陈式刚、郭柏灵、苏肇冰等一批优秀青年科技骨干，于20世纪80年代先后出国做访问学者，接触到了发达国家先进的科学技术和科研管理，他们回国后均成就斐然。

周光召在不同场合多次表达对核武器事业未来的关注与思考。他曾针对人才队伍建设问题发表自己的看法：要立足于培养自己的人才队伍，要打造"又红又专"的人才。这是一位高瞻远瞩的科学前辈的珍重建议，也是他一生为国家高科技事业无私奉献的心路历程。

周光召是重情有义之人。1980年前后，他出国访问载誉归来，特地回到研究所探访老同事老朋友。半天时间里他逐间办公室走访，挨个问候。当他发现一位共事多年的老同事没有出现时，立即到处寻找，直到确认该同志不在北京才作罢。

周光召曾经给九所职工写过一封信，这份深情，令人动容。

我在九所度过了难忘的二十个年头，我的壮年时期。正如人生中一切值得留恋的经历一样，有欢乐，也有痛苦，有紧张的劳动，也有复杂的斗争，有温暖的友情，也有冷漠的白眼。

岁月在不断地流逝，记忆已经逐渐地淡漠，但是永铭在心的是九所的群众，是我国在50和60年代培养出来的一代最优秀的青年。怎能忘记和他们朝夕相处的日子，那办公室内对方案的热烈争论，那计算机房夜战后迎来的黎明的太阳，那草原上炸药爆轰后铀花的飞溅，那戈壁滩上把装置送上飞机后焦虑的期待。岁月在不断地流逝，记忆已经逐渐淡漠，但又怎能忘记受围攻期间冒着个人安危前来倾诉衷肠的同志，怎能忘记送走上干校的同志后留在心底的悲伤，更怎能忘记76年群众的眼泪、花圈和愤怒。

这一代优秀的青年，中间有我的良师，我的益友。他们在党的教育下，肩负着人民和国家的重托，默默无闻地坚定地向前迈进，和他们在一起，使我产生希望、信心和力量，使我变得更加纯洁和高尚。他们之中有些人已经离开了九所，但是无论他们分配到祖国的哪一个角落，我的心将永远和他们在一起。

回首往事，感慨万千。周光召这一批前辈，他们没有虚掷青春与才华，他们率领一批优秀的中华儿女，铸就了国防坚强基石，使中华民族挺起了脊梁。

没有什么信念比执着报国更为坚实，没有什么财富比"两弹精神"更为可贵。我们无比感激周光召这一批领导者与指路人。因为他们的风格与态度，使我们的事业在60年进程中具备了独特的气质。60年来，北京应用物理与计算数学研究所始终从国家战略角度调整自己的发展思路，时刻谨记自己最初的信念与理想。无论在什么样的情况和环境下，无论面临怎样纷杂的困扰，始终平静、深邃和坚定，既不随波逐流，也不患得患失。这是周光召先生，也是彭桓武、邓稼先、于敏等诸多大家的流风遗韵。

今天，我们这批当代核武器科技研究人员也不会推卸自己的历史重任。我们曾沐浴群星光芒，也必将沿着前辈们开辟的道路跋涉下去。

这是一条几代人艰苦开创、辛勤建设的国防之路，曾经直面并将继续迎击无数险境与难关，曾经追寻并将继续收获无数的机遇与希望，曾经赢得并将继续摘取无数的胜利与荣光！

（作者：王建国）

钱学森

（1911—2009）

钱学森（1911年12月11日—2009年10月31日）
世界著名科学家、空气动力学家，中国载人航天奠基人、
中国科学院院士中国工程院院士。中国"两弹一星"功勋
获奖者，被誉为"中国航天之父"、"中国导弹之父"、中国自
动化控制之父"和"火箭之王"。
二00九年十月八日于病中 谢涵 刘萱

钱学森，浙江杭州人，享誉海内外的杰出科学家和我国航天事业奠基人，中国科学院学部委员（院士）、中国工程院资深院士。1935年9月赴美留学，先后获航空与数学博士学位。1955年10月回国。1958年10月16日加入中国共产党。历任中国科学院力学研究所所长、国防部第五研究院院长、第七机械工业部副部长、中国人民解放军国防科学技术委员会副主任、国防科工委科学技术委员会副主任、中国科

105

学技术协会主席和中国人民政治协商会议第六、七、八届全国委员会副主席。先后获得"小罗克韦尔奖章"、"世界级科学与工程名人"称号、"国家杰出贡献科学家"荣誉称号、"两弹一星"功勋奖章、何梁何利基金优秀奖，入选"感动中国2007年度人物"。钱学森为中国科技事业、国防和军队现代化建设建立了卓越功勋，为我国社会主义建设事业不懈探索、殚精竭虑，被誉为"人民科学家"。

2021年是中国共产党成立100周年，也是中国共产党的优秀党员、人民科学家钱学森110周年诞辰。习近平总书记曾指出，我们要学习钱学森同志的光荣感，他把群众的口碑当作自己无上的光荣。在漫长的科学人生中，钱学森始终秉持人民情怀，事业重于泰山、党性高于一切，"科学最重、名利最轻"，体现了一个中国共产党人崇高的精神品质和价值追求。

把世界最先进的科学技术学到手

1929年7月，钱学森从北师大附中毕业后，"抱着振兴祖国的决心"，以优异成绩考上被誉为"东方MIT"的交通大学，主修铁路工程。按照钱学森之子钱永刚的说法，钱学森报考交通大学是受到了孙中山先生"实业救国"思想的影响，打定主意要学铁道工程，给中国造铁路，成为像詹天佑一样的工程师。

在大学期间，一·二八事变爆发，日本空军凭借空中优势，掌握了对中国领空的控制权，对上海狂轰滥炸。中国军民惨遭杀戮，人员财产遭受惨重损失。钱学森目睹这一切，痛感中国必须拥有先进的航空技术和强大的航空工业，才能自立于世界民族之林。于是，他在大学四年级的时候，将人生理想从"交通救国"转向"航空救国"，并进行了不懈探索。在校期间，钱学森选修了"航空工程"等课程，并利用大部分课余时间去学校图书馆借阅航空方面的书籍和杂志，专攻航空与火箭知识，并有了初步的研究心得。至赴美留学前夕，他已发表《火箭》《美国大飞船失事及美国建筑飞船的原因》等6篇关于航空、火箭方面的论文。钱学森在交通大学时期对航空与火箭的关注和研究为他后来转向这个领域从事专业研究奠定了必要的知识基础。

1935年9月，钱学森怀着发展祖国航空事业的远大抱负赴美求学。那个年代的中国内忧外患，中国人在国际上很难得到应有的尊重。钱学森下定决心奋发学习，一定要为中国人争口气，用自己的才智在外国同学面前证明中国人不可小觑。他曾说：我到美国去，心里只有一个目标，就是要把世界最先进的科学技术学到手，而且要证明我们中国人是可以赛过美国人，达到科学技术的高峰。

正是因为有这种坚定的家国情怀做支撑，钱学森潜心研攻、心系祖国，他硕士毕业后即认识到"一名技术科学家对于祖国的帮助远大于一名工程师"，于是将研究方向从航空工程转向航空理论；在美国学习工作20年间，钱学森没有买一美元的保险，因为他根本不打算在美国住一辈子；他在将风洞原理应用于风车发电的实例计算时，选取的数据就是参照祖国的自然条件；成为世界著名科学家后，对于国外的优厚生活待遇和优越工作条件，他不为所动；当得知新中国即将诞生，即先后辞去各种要职，毅然决定回国。赤子深情，溢于言表。

旅美期间，钱学森在应用力学、喷气推进以及火箭与导弹研究方面，取得了举世瞩目的成就：与导师冯·卡门共同完成的高速空气动力学问题研究课题和建立的"卡门－钱近似"公式，使他在28岁时一举成名，成为世界知名的空气动力学家；他独立完成的学术论文《关于薄壳体稳定性的研究》，使他在航空技术工程理论界获得很高声誉；他提出的火箭与航空领域若干重要概念、超前设想和科学预见，奠定了他在力学和喷气推进领域的翘楚地位。同时，他还开创了工程控制论、物理力学两门新兴学科，为人类科学事业发展作出了开创性贡献。对于自己在留美期间取得的科学成就，钱学森坦言：我在美国前三四年是学习，后十几年是工作，所有这一切都在做准备，为了回到祖国后能为人民做点事。因为我是中国人。

冲破藩篱归故国

新中国成立后不久，钱学森、蒋英夫妇即着手为回国做准备。他归心似箭，"无一日一时一刻不思归国，参加伟大的建设高潮"。1950年8月，钱学森打点好行李、买好机票准备举家回国。但是，麦卡锡主义盛行的美国以莫须有的罪名，非法扣留钱学森，以达到让他长期滞留美国致其科学生命荒废的目的——"经过五年时间让他所掌握的知识变得彻底过时"。钱学森不为迫害所惧，不为利诱所惑，他卧薪尝胆、大义凛然，充分展示了一位中国科学家崇高的民族气节。面对美方检察官的责难，他坚定地说：新中国已经成立了，我是一定要回到祖国去的，这没有什么可商量的。

1955年8月4日，经过中国政府的严正交涉、钱学森的不懈抗争和国际友人的帮助，美国移民当局最终不得不同意放行钱学森。9月17日，钱学森一家来到洛杉矶港口，等待登上回国的邮轮。码头上挤满记者，记者追问钱学森是否还打算回美国。钱学森回答说："我不会再回来，我没有理由再回来，这是我想了很长时间的决定。今后我打算尽我最大的努力帮助中国人民建设自己的国家，以便他们能过上有尊严的幸福生活。"钱学森带着荣耀与辛酸、成就与苦难交织的复杂情感，携家人踏上了回国的航程。为了这一刻，他整整准备了20年。在回国邮轮上，钱学森难掩无比激动的心情，他说："今后我将竭尽努力，和中国人民一道建设自己的国家，使我的同胞能过上尊严的幸福生活。"这是对他在美国所受屈辱的洗雪，也是对其报国之情的述说。

和中国人民一道建设自己的国家

钱学森回国后，自觉服从国家需要，勇敢承担起创建我国航天事业的重任，为中华民族屹立于世界民族之林殚精竭虑。他始终站在世界科技前沿，以超凡智慧、开拓意识和战略眼光，带领中国航天人白手起家、自力更生，攻破了一系列重大技术难关，解决了一大批关键技术难题，在艰苦卓绝的环境中开创了中国航天事业；他从战略高度思考、谋划我国科学技术发展特别是国防科技发展的重大问题，提出了许多富有前瞻性的重要学术思想和有重大实践价值的建议，为我国导弹航天事业发展作出了具有里程碑意义的贡献。

作为中国航天事业初创阶段的技术领导人，钱学森在中国乃至世界航天史上书写了浓墨重彩的一笔，留下了彪炳史册的一页。新华社《钱学森同志生平》电文对此进行了概括：组建了我国第一个火箭、导弹研究机构；指导设计了我国第一枚液体探空火箭；作为技术总负责人，协助组织实施了我国首次"两弹结合"试验；牵头组织实施了我国第一颗人造地球卫星发射任务；领导设计制造了我国第一艘核动力潜艇；指挥成功发射了我国第一颗返回式卫星。

经过以钱学森为代表的第一代航天人的协同创新，中国航天事业一步一个脚印，阔步向前；中国国防建设一步一个台阶，蒸蒸日上。如今，中国已经成为名副其实的航天大国。吃水不忘挖井人。这一辉煌成就的取得，离不开中国航天事业奠基人钱学森的卓越贡献。他早年的航空救国梦、科学报国梦如今都在祖国大地上变成了现实。"长征"升空、"神舟"飞天、"嫦娥"奔月、"天问"探火……浩瀚太空一次次留下中国人的科技身影。钱学森回国前夕曾说过："我的事业在中国，我的成就在中国，我的归宿在中国。"虽说科学没有国界，但科学家都有自己的祖国。钱学森对此作了最好的诠释。

一切成就归于党

"我回国近三年来受到党的教育，使我体会到党的伟大，党为实现共产主义社会这一目标的伟大。我愿为这一目标奋斗并忠诚于党的事业。"最近公开的一份钱学森的入党志愿书一夜之间成了"网红"。

有媒体就此评论指出：寥寥数句，却字字铿锵。这份简短却令人震撼的入党志愿书如同它的主人钱学森一样，令人景仰钦佩。字里行间折射的是一位人民科学家对党的事业的无比忠诚，以及他为党和人民的事业奋斗终生的铮铮誓言。

钱学森入党后又推动了中国科学院一大批知名科学家在政治上的进步。他自己曾因入党"激动得睡不好觉"，也曾因获悉自己与雷锋、焦裕禄、王进喜、史来贺一起，被中共中央组织部评为解放四十年来在群众中享有崇高威望的共产党员的优秀代表而感到"心里激动极了"。

"我为新中国科技事业发展所做的工作，是和党的正确领导、集体的智慧分不开的，我个人仅是沧海一粟，真正伟大的是党、人民政府和我们的国家。""一切成就归于党，归于集体。"这既是钱学森的肺腑之言，也是他作为一位优秀共产党员、科学家对党的事业无限忠诚、对党的领导无比拥护并为之鞠躬尽瘁的人生总结。钱学森认为，导弹、航天是党中央集中统一领导下的一项成千上万人的大科学工程，没有党的领导，没有集体的努力是谁也干不成的。他自己只是恰逢其时，回到祖国，做了他该做的工作。

习近平总书记在中国科学院第二十次院士大会、中国工程院第十五次院士大会、中国科协第十次全国代表大会上的讲话中指出："要大力加强多学科融合的现代工程和技术科学研究，带动基础科学和工程技术发展，形成完整的现代科学技术体系。"现代科学技术体系作为以人类总体性知识结构为研究对象的原创性话语体系，是钱学森科技人生中三大创造高峰的收官之作。如今，钱学森现代科学技术体系已经迈出书斋扎根泥土、踏出学院直面社会，成为服务国家发展和社会进步的理论重器。随着时代发展与社会进步对理论创新的召唤，如何从一位思想家的视角和高度认识钱学森，是深入挖掘、全面继承钱学森精神遗产，服务全面建设社会主义现代化国家的现实需求。

（作者：汪长明）

屠守锷

（1917—2012）

屠守锷（1912年12月5日－2012年12月15日）

火箭总体设计专家，中国导弹与航天技术的开拓者之一，中国"航天四老"之一，中国科学院院士，学部委员，曾任2弹连载火箭总设计师，"两弹一星"功勋奖章获得者。

二〇一二年十月二十八日

屠守锷，浙江湖州人，我国航天事业的开拓者和奠基人之一，著名导弹和火箭专家，中国科学院院士，国际宇航科学院院士，"两弹一星"功勋奖章获得者。1940年毕业于清华大学航空系；1941年赴美国麻省理工学院攻读硕士学位，毕业后在美国布法罗寇蒂斯飞机制造厂任工程师；1945年回国，先后任西南联合大学航空工程系副教授，清华大学航空系副教授、教授，北京航空学院教授；1957年任国防部

第五研究院第八研究室主任；1961年9月任国防部第五研究院一分院副院长兼第二总体设计部主任；1965年，任第七机械工业部第一研究院副院长；1982年任航天工业部科学技术委员会副主任；1985年获国家科学技术进步奖特等奖。

屠守锷早年从事飞机结构力学的研究与教学工作，后投身于我国导弹与航天事业，长期从事导弹与火箭总体技术理论研究与工程实践工作，对导弹研制过程中重大关键技术问题的解决，大型航天工程方案的决策、指挥及组织实施发挥了重要作用。屠守锷先后担任中国近程、中程导弹的副总设计师，远程导弹和长征二号运载火箭的总设计师，主持解决了若干重要型号特别是远程运载火箭、长征二号运载火箭和长征二号捆绑式运载火箭中一系列关键技术问题，并参与了我国火箭技术发展重大战略问题的决策，为我国航天事业作出了杰出贡献。

回国之旅花了3个月时间

1917年12月5日，屠守锷生于浙江湖州的南浔镇。历史上的南浔有"诗书之乡"的美誉，有崇文重教的优良传统。屠守锷的父亲屠维屏是清朝末年的举人，家境虽不宽绰，但很希望子女能受到良好的教育。屠守锷少年时在家乡读书，后进入浙江省立第二中学及江苏省立上海中学就读。1932年1月29日，途经上海码头准备回乡的屠守锷，突然听到天空中传来的阵阵轰鸣声，日军的轰炸机一架接一架俯冲下来，投下一颗颗密集的炸弹，原本繁华喧闹的码头瞬间陷入一片火海。这段刻骨铭心的经历，使他立下了"航空救国"的志向：一定要为死难的同胞报仇，亲手造出我们自己的飞机。

1936年，屠守锷抱着航天救国的决心，考入清华大学机械系，一年后转入航空系。全面抗战爆发后，又随学校师生步行80余日赶赴昆明，在西南联合大学完成学业。在那段战火纷飞的岁月里，他坚守救国信念，潜心学习，希望能用所学挽救危难中的国家和人民。1940年，屠守锷从清华大学航空系顺利毕业。1941年，前往美国麻省理工学院航空工程系攻读硕士学位。1943年，完成《横向加强筋薄板的强度》论文，获硕士学位。为了更好地将理论应用于实践，他应聘入职布法罗寇蒂斯飞机制造厂，成为一名飞机强度分析工程师。他非常珍惜这个宝贵的实践机会，整日伏案工作，在工作中掌握吸收所能接触到的所有技术。在得知抗战胜利消息的第二天，他来不及作任何准备，毅然辞职回国。归心似箭的屠守锷从美国东部的布法罗横穿北美大陆，历时40余天到达西海岸的旧金山。由于没有去中国的客轮，于是他搭乘去青岛的运兵船，历经艰辛终于踏上了祖国的大地。他的回国之旅整整花了3个月的时间。

学成归国的屠守锷先后任西南联合大学航空工程系副教授，清华大学航空系副教授、教授，他满腔热情地为国家培养航天人才。在清华大学任教时期，他逐渐接受了共产主义思想。结合自身经历，他清晰地认识到：只有在中国共产党的领导下，自己科学救国的志向才能实现。1948年，屠守锷秘密加入中国共产党。他的命运便与我国航天事业紧紧地联系在了一起。

在"可以发射"鉴定书上签下自己的名字

从回国之初到1957年，屠守锷一直从事飞机结构力学的研究与教学工作。1957年2月，应聂荣臻元帅之邀，他来到国防部第五研究院工作，成为钱学森院长领导下的十大研究室主任之一，负责导弹结构强度和环境条件的研究。导弹研究对于屠守锷来说是一个全新的课题。他和当时的很多专家一样，一切从零开始，在摸索中开展导弹研究。正如他后来所说："为啥改行搞导弹？国家需要啊！""国家需要我干这一行，我当然要全力以赴！"

20世纪50年代中期以后，中苏关系走向恶化，苏联相关专家在1961年撤走。在这种情况下，屠守锷临危受命，任国防部第五研究院一分院副院长，全面主持技术工作。面对困难，他经常说："人家能做到的，不信我们做不到""我们自己要掌握这个技术，让别人不敢轻易碰我们。"他和同事广泛听取意见，深入科研生产一线，潜心研究，制定了"八年四弹"（"四弹"指近程导弹、中程导弹、中远程导弹、洲际导弹）规划，该规划成为我国导弹与火箭技术发展的蓝图。

1965年3月，中央作出重大决定：尽快造出中国首枚远程导弹。屠守锷被任命为该工程总设计师。他把所有的精力、智慧都高度集中在工作上。说话时，简明扼要，没有多余的字词；走路时，节奏快、步子大，绝不多浪费一步。1968年，屠守锷制定了远程导弹的初步设计方案。1971年9月10日，我国自行研制的首枚远程导弹半程飞行试验获得成功。但远程导弹要投入使用，必须经过全程飞行的试验，然而这次试验被搁置了整整9年。直到1980年，屠守锷才开始准备洲际导弹的远程发射试验。他每天在火箭试验阵地和发射阵地之间往返进行各种各样的测试，有的时候一天要工作20个小时。在短短1个月的时间里，他的体重降了10多斤。当导弹已经在发射架上竖立起来的时候，屠守锷已经两天两夜没合眼了，他又一次爬上了发射架，仔细地进行了最后一遍检查。1980年5月18日，作为我国第一枚远程导弹的总设计师，屠守锷在"可以发射"的鉴定书上签下了自己的名字。随后，伴着惊天动地的巨响，导弹穿过云端，越过赤道，精准命中了万里之外的目标。这标志着我国战略导弹核武器达到了新水平，拥有了洲际打击能力。

解决更大推力火箭的办法就是"捆绑"

在对我国远程导弹攻关的同时，屠守锷还担任了长征二号运载火箭的总设计师。1975年11月，由远程导弹改进而成的长征二号运载火箭成功发射了我国第一颗返回式遥感卫星，使我国的运载火箭开始进入实用阶段。根据发射不同卫星的需要，屠守锷领导了长征二号运载火箭技术状态的适应性修改，成功研制了长征二号C运载火箭，运载能力等技术性能有了明显提高。该火箭投入使用后，对我国运载火箭技术的发展起到了重要作用。

屠守锷以超前眼光提出了高速度、少投入的发展大型运载火箭的最佳途径："我们需要更大推力的火箭，解决的办法就是'捆绑'。"后来我国研制的长征二号E火箭，就是以长征二号C为基础，经过捆绑助推器等技术改进而成，即"长二捆"火箭。

为加快推进"长二捆"火箭的研制，年逾古稀的屠守锷亲临第一线和有关专家一起讨论，研究捆绑火箭动力学数学模型、计算方法、试验方案。同时，他积极宣传研制捆绑火箭对我国航天发展的意义，推进我国火箭运载技术赶超世界先进水平。1990年7月16日，"长二捆"火箭成功进行了首次发射，我国航天人由此创造了用18个月研制一枚新型捆绑火箭的世界航天奇迹，为我国运载火箭进入国际市场奠定了基础。

1984年，我国导弹与航天技术面临今后如何发展的重要选择。屠守锷搜集了大量资料，分析研究我国导弹与航天技术发展的历史、现状与差距，及其在国民经济建设、国防建设和科学技术进步中的地位和作用，提出了关于导弹与航天科技发展战略的建议。该建议受到了党和国家领导人的高度重视，对制定我国导弹与航天技术新的发展蓝图发挥了积极促进作用。

退居二线后，屠守锷先后担任航空航天工业部高级技术顾问、中国航天工业总公司高级技术顾问、中国航天科技集团公司和中国航天科工集团公司高级技术顾问。这位从少年时代起便以"航空救国"为己任的科学家，直至生命尽头，始终奋斗在中国航天事业的第一线。在他看来，"最快乐的就是任务一个个完成"。

"守锷"意为铸剑和掌剑

从风华正茂，到年逾花甲，屠守锷一生默默拓天荒，潜心为国铸长剑，把自己的全部心血和热情都倾注在了祖国的航天事业上。正如他所说："我感觉到我们搞这一行的人，都是把国家利益放在自己的利益前面，不为个人的名利，而是以航天工作为第一位。"

屠守锷特别强调严谨、严肃、严格的工作作风。在他看来，"没有好的作风，就没有资格搞航天"。他从来不使用模糊类词语，对不熟悉或不了解的事情，会直接告诉对方"对此没有研究""不清楚"。因此，他给人留下的最深刻的印象是坦率和果断。他提出明确要求："科学是来不得半点马虎的，我们糊弄科学，科学就一定会还以颜色。"

屠守锷一生低调，淡泊名利，生活朴素。他总是身穿一件灰色的中山装，脚踩一双黑色布鞋，神情总是那么坦然淡然，从外表很难看出他是一位功勋卓著的火箭总设计师、一位声名显赫的科学家。他从不爱抛头露面，不愿接受记者的采访，也不在乎所谓的"人际关系"。在同事们的心目中，屠守锷是一位平易近人、可敬可亲的"老总"。

1998年，屠守锷捐赠了私人积蓄30万元，在北京航空航天大学设立"宏志清寒助学金"。他特别嘱咐，不用他的名字命名奖励基金，也不要对外宣传。该助学金主要资助那些"贫而有志，穷且益坚，愿意改变祖国和家乡面貌；生活朴素，乐于助人；学习态度端正，有追求真理勇气"的学子。一批批学生受助完成了学业，一代代航天学子在屠守锷献身为国的精神激励之下奋勇前行。

屠守锷用一生诠释了自己名字的含义："锷"乃刀锋，"守锷"意为铸剑和掌剑。"守锷"寄托着家族对他深切的期望，也蕴含着"国家兴亡，匹夫有责"的理念和担当。洲际导弹是护卫祖国的长剑。人如其名，屠守锷心怀"国之大者"，矢志国之重器，铸造长空利剑，守护国家安全。

（作者：黄涛 彭雅雯）

黄纬禄 （1916年12月18日—2011年11月23日）
中国著名火箭与导弹控制技术专家和航天事业的奠基人之一。
国际宇航科学院院士。中国首枚潜地导弹总设计师、
中国第一艘核潜艇副总设计师。"两弹一星"功勋
章获得者。
二〇二〇年十月二日 题 梁木国贵

黄纬禄
（1916—2011）

　　黄纬禄，出生于安徽省芜湖市，我国航天事业的奠基人之一，我国导弹事业的开拓者之一，中国科学院学部委员（院士），国际宇航科学院院士，"两弹一星"功勋奖章获得者。1940年毕业于中央大学电机系；1945年在英国伦敦大学帝国学院攻读无线电专业，1947年获硕士学位，并于同年归国；1949年任上海电工研究所研究员；1960年任"东风一号"副总设计师兼控制系统总设计师；1970年任"巨浪一号"

技术总负责人兼七机部四院四部主任；1979年任固体潜地导弹和陆基机动导弹总设计师；1985年获国家科学技术进步奖特等奖。

黄纬禄长期从事火箭与导弹控制技术理论与工程实践研究工作，开创了我国固体战略导弹的先河，突破了我国水下发射技术和固体发动机研制技术，探索出了一条我国固体火箭与导弹发展的正确道路。他被誉为"巨浪之父""东风-21之父"。

愿得此身长报国：英国留学初识导弹

1916年12月18日，黄纬禄出生于安徽芜湖，父亲黄慎闻是清朝秀才，擅写诗词歌赋，曾任小学国文教师，要求子女认真读书、积极上进，对他刻苦攻读、严谨治学的作风，有深刻影响。黄纬禄6岁时进私塾读书，但对数学表现出特别的兴趣，父亲于是将他送入新式学堂学习。1933年8月，黄纬禄以优异成绩考入扬州中学高中部。1936年，黄纬禄以总分第一的成绩从4000多名考生中脱颖而出，进入南京中央大学电机系。七七事变发生后，该学校西迁至重庆。目睹山河破碎，亲历颠沛流离，黄纬禄坚定了科学救国的决心和信念。1940年8月毕业后，他被分配到资源委员会无线电器件厂重庆分厂，历任助理工程师、工程师。

1943年，根据庚款留学生的条件，英国工业协会到中国招收实习生。通过层层选拔，黄纬禄脱颖而出。他先到伦敦标准电话电缆公

司实习，一年后转到马可尼无线电公司。在实习过程中，他目击了德国V-1、V-2导弹轰炸伦敦的情景，见证了导弹的巨大威力。通过仔细观察和分析，这位无线电专业学子基本弄清了V-2导弹的原理，成为最早一批接触导弹的中国人，从此"导弹"二字像一粒种子，悄悄地种在了他的心上，为他后来参加并主持多种不同型号导弹的研制奠定了基础。

实习结束后，本应归国的黄纬禄抱着科学救国、工业救国的留学初衷，1945年考入英国伦敦大学帝国学院无线电系。1947年黄纬禄以论文《双路无线通信》获得硕士学位。彼时，国内正处战乱，面对友人的挽留和公司的高薪聘请，他怀着报效祖国的理想毅然回国：人家的国家再好，总是人家的；我的祖国再不好，再贫穷落后，也是生我养我的故土。作为中华民族的子孙，我有责任为自己民族的复兴竭尽绵薄之力。

东风传得春消息：搞出自己的"争气弹"

归国初期，黄纬禄在上海电工研究所担任研究员。1956年春，黄纬禄应邀在中南海怀仁堂聆听导弹专家钱学森关于火箭技术的报告。钱学森指出，我们中国人不比外国人笨，外国人能搞出来的东西，我们中国人也一定能搞出来。这个报告使黄纬禄深受鼓舞，成为他人生的重要转折点。1957年，黄纬禄来到刚刚成立1年的我国导弹研制机构国防部某院。黄纬禄和他的战友们遵守着"上不告父母、下不告妻儿"的铁律，立下"生在永定路，死在八宝山"的誓言。我国导弹的研制是从仿制开始的。正当仿制导弹"东风一号"进行到关键时刻，苏联却将专家全部撤离。黄纬禄深知国防重器不能受制于人，他和同事们下定决心，一定要搞出自己的"争气弹"，争中国人民的志气！黄纬禄担当起导弹的"中枢神经"——控制系统负责人的重任。困难远比想象中的更多，国内大多数技术人员从未搞过导弹。黄纬禄鼓励大家："搞研究，像爬山一样，只要坚持不懈地往上爬，再高再陡的山也能登顶。"研发导弹控制系统需要进行海量的数学计算，当时凭着一部老式的手摇计算机，黄纬禄带领同事全员上阵，人工计算导弹在空中的飞行姿态、轨迹和导弹攻击目标的精准度。1960年11月5日，我国第一枚国产近程导弹"东风一号"发射成功，实现了我国军事装备史上导弹从无到有的重大突破。1964年6月29日，我国自行研制的第一枚导弹"东风二号"发射成功，翻开了我国导弹发展史上自主研制的新一页。1966年10月27日，我国首次由导弹与核弹的"两弹结合"试验在核试验预定地点成功爆炸，这意味着我国拥有了真正可以实战的核武器。

黄纬禄和同事们发扬自力更生和勇于登攀的精神，仅用10年便走过了从仿制到研制的自主创新之路，实现了我国导弹零的突破，使我国液体战略导弹控制技术达到了较高的水平。

巨浪掀天得罢休：研制成功固体导弹

由于液体导弹准备时间长且机动隐蔽性差，缺乏二次核打击能力。研制由潜艇发射的固体潜地战略导弹势在必行。1967年，我国决定开展对固体潜地导弹"巨龙七十一号"(1972年更名为"巨浪一号")的研制工作。1970年,黄纬禄被任命为固体潜地导弹总设计师兼七机部四院四部主任,由液体导弹控制系统的领头人变为固体潜地导弹技术总负责人。

潜地导弹研制的主要技术方案需要耗费大量资金建造水池,进行水下发射。针对当时的方案,1970年5月,黄纬禄提出"台、筒、艇"三步走的研制试验方案。第一步在发射台上做试验,第二步在陆上发射筒中打导弹,第三步在舰艇上打遥测弹。这样可以省去建设投资巨大的水池,大大简化了试验设施,节约了大量研制经费和时间。为验证排空的模型火箭从高空回落海中后能冲入多深,是否有砸艇的危险,黄纬禄又提出一个突破常规的试验方案:在南京长江大桥上进行潜艇模拟弹落水试验,这一方案缩短了研制周期,节约了研制经费,大大简化了潜地导弹的研制流程。

为实现"巨浪一号"的"一弹两用",1979年4月,黄纬禄被任命为固体潜地导弹"巨浪一号"和陆基机动导弹"东风-21号"两个型号的总设计师。1982年10月,固体潜地导弹"巨浪一号"负载着科研人员奋斗十几年的心血,成功坠入目标海域。这标志着我国已成为具有自行研制潜地导弹和水下发射战略导弹能力的国家。我国正式具备了实施二次核打击的能力,也让"在任何时候、任何情况下,都不首先使用核武器"的话语更加掷地有声。1985年5月,新型陆基机动导弹"东风-21号"成功发射,填补了我国固体战略导弹技术的空白。张爱萍后来给予高度评价:"国防科技研究贵在独创,'巨浪一号'、'东风-21号'堪称范例!"

黄纬禄突破了我国水下发射技术和固体发动机研制技术，为我国航天事业作出卓越的贡献。1999年，中共中央、国务院、中央军委授予黄纬禄"两弹一星"功勋奖章。

同舟共济扬帆起：提出"四个共同"原则

黄纬禄不仅是优秀技术专家，还是善于统筹协调的杰出科技工作领导者。他从不以权威身份轻率拍板，而是深入实际，一贯倡导技术民主、集思广益，注重倾听和吸纳不同意见。他认为，科技人员因技术问题发生意见分歧，一方完全有道理、一方完全没有道理的情况几乎是没有的。他的民主作风，使科技人员无论自己意见被采纳与否，都心悦诚服。

"巨浪一号"研制涉及19个省（自治区、直辖市）、10个工业部门，主要组成横跨5个研究院、3个研制基地，承担任务的单位多达109个。在研制导弹的过程中，面对技术难题，各部门普遍有"把自己的余量留的多一些、困难留的少点"的想法。黄纬禄充分发挥技术民主的重要作用，有问题共同商量；面对物资紧缺，他反复校正导弹零件的精确程度，有困难共同克服；面对瓶颈问题，团队共同探讨对于指标余量的把握，有余量共同掌握；面对指针异常，他冷静分析后继续执行任务，有风险共同承担。"有余量共同掌握"是最难以做到的，因为每个系统为了获得更大的成功把握，往往会对其他系统或自己的子系统提出更高要求，这样就人为地提高了研制难度，甚至使研制陷入困局。如果各个系统坦诚相见，把自己的真实余量拿出来，各级设计单位就会增强彼此信任，使研制工作顺利推进。黄纬禄提出的"有问题共同商量，有困难共同克服，有余量共同掌握，有风险共同承担"，体现了其宽广的视野和博大的胸襟，在一定程度上这是黄纬禄真诚坦荡人格魅力的自然流露。"四个共同"原则用于技术管理，能够保证系统推进，用于人员管理，能够保障一体同心，后来成为航天科研战线解决协调问题的"金科玉律"。

为伊消得人憔悴：德馨品高"剜肉补弹"

黄纬禄反复强调"品德比技术更重要"，一个人的品德好，即使基础差一点，这个任务也会完成，但是技术好、品德不好，技术就偏了。他始终以"严于律己，宽以待人"作为人生格言，常言在成绩面前，尽量考虑别人的贡献；失败了，尽量考虑自己的责任。他一生淡泊名利，对待荣誉总是"退避三舍"。在推选"两弹一星"功勋奖章候选人时，黄纬禄主动相让。他说："功劳是大家的，航天工程也不是一个人或少数人完成的，不能因为我是总师就总把荣誉归到我的头上。"由于黄纬禄态度坚决，航天二院就推选了另外一位同志。经上级研究决定，最后还是授予黄纬禄"两弹一星"功勋奖章。

生活在精神世界的人，是超然于物外的。黄纬禄有贡献而不居功自傲，有条件而不贪图安逸，有权力而不搞特殊化。他曾立下"三大纪律"：在试验基地，和大家一起排长队买饭，一起搞卫生，一起扫厕所；到外地出差，交通工具能走就行，一日三餐管饱就行，休息住宿能睡就行；使用公车时，私人外出不用车，接送亲友不用车，家人有事不搭车。

长期的忘我工作使黄纬禄积劳成疾，白内障、高血压、胃溃疡、输尿管结石、心脏病接踵而来，但他一直坚持工作，顾不上看病吃药。在"巨浪一号"发射成功前的2个多月里，由于过度操劳，黄纬禄的体重从64千克一下子降到53千克，人们说他是"剜"下自己的血肉，"补"在了导弹上！原国家科委主任宋健在谈到黄纬禄的贡献时说："他是把自己对党和祖国的深厚感情倾注到了事业之中，他的心是紧紧和导弹连在一起的，导弹就是他的生命。"在黄纬禄身上突出体现了忠诚报国、献身航天的坚定信念，攻坚克难、勇攀高峰的创新精神，团结协作、集思广益的优良作风，淡泊名利、无私奉献的高尚品质，为推进社会主义核心价值体系建设、提高自主创新能力提供强大精神动力。有人说，黄老总"剜"肉"补"导弹，将这血肉补在导弹上，成就的是一个民族的希望和骄傲。

（作者：黄涛 明艾宁）

程开甲

(1918—2018)

程开甲 (1918年8月3日-2018年11月17日)
中国科学院院士, 著名理论物理学家
"两弹一星" 功勋奖章获得者.
二〇二〇年十月二十日 李曙光录 题字

程开甲，1918年出生于江苏省吴江县（今江苏省苏州市吴江区）。著名物理学家，中国科学院学部委员（院士），"两弹一星"功勋奖章获得者，2013年国家最高科学技术奖获得者，是我国核武器事业的开拓者之一，我国核试验科学技术体系的创建者之一。1941年毕业于浙江大学物理系，1946年留学英国，1948年获英国爱丁堡大学博士学位，任英国皇家化学工业研究所研究员。1950年回国，先后任浙江大学副教授，南京大学物理系副主任、教授。1960年，加入中国核武器研究队伍，历任二机部第九研究所副所长、第九研究院副院长，国防科委核试验基地研究所副所长、所长，基地副司令员，国防科工委科技委常任委员、顾问，总装备部科技委顾问。

2014年1月10日10时，北京人民大会堂一位96岁高龄的老人登上了国家最高科学技术奖的领奖台，成为令人瞩目的"明星"。这一刻，离让炎黄子孙扬眉吐气的"东方巨响"响起——1964年10月16日15时，已经过去了半个世纪。这位老人就是中国核武器事业的开拓者、中国核试验科学技术体系创建者之一、"两弹一星"元勋、总装备部高级顾问程开甲。

"世界上有一种安全最可靠，那就是让敌人知难而退。"核武器是大国地位的标志，是国防实力的象征。"核弹试验赖程君，电子层中做乾坤。"这是中国核试验基地首任司令员张蕴钰将军赠给程开甲的诗句。这样的褒奖他当之无愧！

作为中国核武器事业的开拓者和核试验科学技术体系的创建者之一，程开甲参与主持决策了包括我国第一颗原子弹、第一颗氢弹、"两弹"结合以及地面核试验、首次空投核试验、首次地下平洞核试验、首次竖井地下核试验等30多次核试验。作为"两弹元勋"，近半个世纪以来，他对核武器内爆机理进行了深入研究与计算，为核武器爆炸威力与弹体结构设计提供了重要依据；他开创了中国系统核爆炸及其效应理论，为核武器战场应用奠定了基础。

鲜有人知的是，程开甲近40年隐姓埋名，在神秘领域默默地坚守。一直到1999年9月18日，党中央、国务院、中央军委在人民大会堂隆重召开表彰大会，程开甲等23位科学家荣获"两弹一星"功勋奖章。他终于从幕后走到台前，当象征荣誉和成就的"两弹一星"功勋奖章挂在程开甲胸前时，全场爆发出一阵热烈的掌声。那掌声不仅表达了对他的由衷敬意，也饱含着生活在和平阳光下的每个人对他深深的感激！

钱三强"点将"元勋"消失"40年

在相当长的一段时间里，人们对程开甲知之甚少。

20世纪五六十年代是一段极不寻常的时期。面对严峻的国际形势，党中央和毛泽东同志审时度势，作出了研制"两弹一星"的英明决策。

1960年夏，经钱三强点将，南京大学教授程开甲加入了核武器研制的队伍，从此他在科学界销声匿迹几十年。在我国原子弹研制初期，程开甲被任命为核武器研究所副所长。1962年夏，程开甲成为我国核试验技术总负责人。此后，他主持设计了第一颗原子弹百米高铁塔爆炸方案。1963年，他前瞻性地筹划了核武器试验研究所的性质、任务、学科、队伍、机构等。

1964年10月16日，中国第一颗原子弹试验成功，1700多台（套）仪器全部拿到测试数据。据资料记载，法国第一次核试验没拿到任何数据，美国、英国、苏联第一次核试验只拿到很少的数据，而我国首次核试验中97％的测试仪器记录数据完整、准确。

1966年12月，我国首次氢弹原理性试验获得成功，程开甲提出塔基若干米半径范围地面用水泥加固，减少尘土卷入，效果很好。1967年6月，第一颗空投氢弹试验成功，其间他提出改变投弹飞机的飞行方向，保证了投弹飞机的安全。1969年9月，首次平洞地下核试验成功，他设计的回填堵塞方案，实现了"自封"，确保了试验工程安全。

程开甲是中国地下核试验的重要倡导人和重要的试验主持人。即使氢弹试验需要程开甲投入很大精力，他依然没有放松对地下核试验的领导工作。结果，当地下核试验再次提上日程的时候，程开甲的技术准备几乎同时到位。

1978年10月14日，中国首次竖井地下核试验获得圆满成功。随着地下核试验技术日趋成熟，1980年后，我国不再进行大气层核试验，试验全部转入地下。程开甲当年关于核试验由大气层向地下转移的主张，不仅解决了大气层实验无法解决的许多核技术难题，也使我国核武器研制和试验避免了可能出现的被动。

从1962年筹建核武器试验研究所到1984年离开核试验基地，前后22年，程开甲先后成功筹划、主持了30余次各种类型的核武器试验，基本上都获得预定的试验目标。

20世纪80年代，程开甲又提出开展抗辐射加固技术研究。之后，他一直没有停下在此领域开拓创新的脚步，他主持开创了抗辐射加固技术研究所，倡导开展了高功率微波研究新领域，为国防科技和武器装备建设发展作出了重要贡献。

进入爆心去见"魔鬼"

许多人谈核色变，说核是魔鬼。作为中国第一代铸造共和国"核盾牌"的科学家程开甲，就是跟魔鬼打交道的人。

遥想当年，每次开展核试验，程开甲都会亲身到最艰苦、最危险的一线去检查指导。他多次进入地下核试验爆后现场，爬进测试廊道、测试间，甚至到最危险的爆心。

在首次地下核爆炸成功后，为了掌握地下核爆炸的第一手材料，程开甲和朱光亚等科学家决定进入地下爆心去进行考察。

到原子弹爆心作考察，在我国前所未有，在世界试验史上也无先例。为了掌握准确真实的数据，程开甲勇敢地穿上防护衣，戴上口罩、手套、安全帽，和几百名工作人员，冒着40度以上的高温，向已被爆炸波挤扁的洞口前进。他们心里非常清楚，这是深入虎穴去追踪考察，对个人是有危险的。然而，他们已顾不上自己身体吃了多少剂量，抓紧时间查看试验中所产生的问题。这是第一次地下核试验，进洞考察也自然是第一次。程开甲仔细观察、取样、测试，取得了许多第一手的珍贵资料和数据。

程开甲对工作有着一种科学和严谨的作风。如果说每次核试验有120%的把握，他会说把握只有80%，这种科学的态度一直保持到现在。

多年来，不论在什么情况下，程开甲始终主张和坚持按科学规律办事。第一次核试验前夕，挖好的一条又一条的电缆沟从核爆中心铺向各个测试点，一贯严字当头的他经过周密分析后提出：向所有的电缆沟铺垫上细砂子。这需要动用数百辆汽车，是个不小的工程。有的同志说"没有必要这样干"，程开甲则坚持自己的主张。问题被反映到张蕴钰司令员那里，张司令员指示："按程教授的意见办。"

作为核试验测试技术的总体负责人，他搞总体规划，靠的是技术，依据的是可靠的数据。有一次，程开甲设计了抗电磁波干扰的全屏蔽槽，遭到了包括当时的白斌司令员在内的许多人的反对。有人劝他说："人家是司令员，你不要再和他争了，出了问题由他负责。"而程开甲则坚定地说："我不管他是不是司令员，我只看讲不讲科学。要保证安全，就得按要求进行屏蔽。"结果，后来白司令员还是按程开甲的意见办了。就这样，在以后的测试中这种方法一直沿用了下去。程开甲提出的"全屏蔽"的方法，就是给所有的仪器和设备都穿上"盔甲"，保证了所有测试仪器都能在屏蔽的情况下测到准确数据。

作为核试验的创始人之一和科研与测试的总体负责人，程开甲以自己深厚、全面的理论功底，白手起家筹建了包括爆炸力学、光学、核物理、电子技术、放射化学、理论研究、试验安全和技术保障等在内的一系列学科，创建了专业配套的核武器试验研究所，圆满地完成了每一次核武器试验任务。他还从我国的国情出发，按照周总理提出的"一次试验，多方收获"要求，明确了技术指标和研究课题，召开了几百次的协调会议，与各军兵种及地方上百家单位建立了广泛的协作关系。

在程开甲眼中，"我国核试验，是有名的、无名的英雄们，在弯弯曲曲的道路上一步一个脚印完成的"。

创新不止做纯粹的科学家

程开甲的一生都在求索、创新。张蕴钰将军曾评价："程开甲是一名纯粹的科学家。"

1931年，程开甲考入浙江嘉兴秀州中学，这所教会学校培养了包括陈省身、李政道在内的10位院士，他在此接受了6年具有"中西合璧"特色的基础教育和创新思维训练。

1937年，程开甲以优异成绩考取了浙江大学物理系的"公费生"。在这所被英国著名学者李约瑟博士誉为"东方剑桥"的大学里，他接受了束星北（"中国雷达之父"）、王淦昌（"两弹一星"元勋）、陈建功、苏步青（数学家）等大师严格的科学精神的训练。

1946年，经英国著名学者李约瑟博士推荐，程开甲获得英国文化委员会奖学金，来到爱丁堡大学，成为被称为"物理学家中的物理学家"的马克斯·玻恩教授的学生。玻恩一生共带过彭桓武、杨立铭、程开甲和黄昆4位中国学生，其中，彭桓武和程开甲后来被授予"两弹一星"功勋奖章；黄昆、程开甲则荣获了国家最高科学技术奖。

1948年，在苏黎世召开的国际学术会议上，程开甲与玻恩合写了一篇论文递交给大会，会议召开时，玻恩因故不能出席，由程开甲宣读论文。不料程开甲与师兄海森堡就学术观点展开了激烈争论，程开甲时而用英语，时而用德语，与这位1932年的诺贝尔奖得主展开舌战。担任裁判的大会主席泡利最后也只得风趣地说："你们师兄弟吵架，为什么玻恩不来？这个裁判我当不了了，还是让玻恩来裁定吧。"

玻恩听到此事很高兴，跟程开甲讲起自己与爱因斯坦长时间针锋相对的争论。玻恩说，爱因斯坦是一个"离经叛道"者，因而才能超越常规。这次谈话，让程开甲终身受益。

1949年，新中国成立，程开甲决定立刻回国。许多同学劝说刚刚获得博士学位的他留下来，还是导师玻恩理解程开甲思念祖国的赤诚之心并亲自为程开甲送行，依依惜别之情溢于言表。

在献身核事业的几十年间，程开甲没有公开发表过论文，但他的学术研究仍然硕果累累。

20世纪40年代，他用量子力学理论证明了狄拉克提出的"狄拉克方程"在自由粒子条件下的正确性；五六十年代，他率先在国内开展了系统的热力学内耗理论研究，出版了我国第一本《固体物理学》教科书；80年代，他进一步发展、完善了高温和低温超导普遍适用的超导双带理论，出版了两部专著；90年代，他提出并建立了系统的 TFDC（托马斯-费米-狄拉克-程开甲）电子理论，并在国家自然科学基金委支持下将该理论应用于金刚石触媒、纳米管生成、薄膜大电容等方面的研究，取得了有价值的成果。

一叶知秋，见微知著。20世纪70年代，程开甲在大西北搞试验。一个宁静的夜晚，他突然发现天际中出现一个明亮的光点，随即整个天空都被照亮。他由此推断：这可能是邻国在搞新武器试验。他当时就预言：自卫星上天后，太空就成了人类竞争的一个新空间。未来，空天武器将可能成为又一个竞争热点。而今40多年过去，事实证明了他当年的科学预见。

从秀州中学、浙江大学到爱丁堡大学，程开甲在开明开放的教育环境中，在名师名校的教育熏陶下，夯实了他日后成为科学大家的深厚底蕴。

作风严谨身先士卒的好领导

对于程开甲来说，最让他引以为荣的就是白手起家组建了核武器研究所，招募了大批优秀的科技人才，集智攻关，协同作战，圆满完成了每次核试验的测试任务。

作为核武器试验事业的创始人之一和科研测试的总体负责人，程开甲以深厚、全面的理论功底厘清思路，在党中央、国务院和上级机关的大力支持和协助下，调集了几百名科技人员；筹建了具备爆炸力学、光学、核物理、电子技术、放射化学、理论研究、试验安全和技术保障等学科、专业配套的核武器研究所，按照周恩来总理提出的"一次试验，多方收效"和测试数据"一百分"的构想，明确技术指标和研究课题，带领科技人员制定每一次试验测试总体方案。为此，他几乎跑遍了全国所有有关科研院所、高等院校及各军兵种外协单位，召开了几百次协作会议；与各军兵种及地方30多家单位建立了广泛的协作关系，开展了大规模的联合攻关，研制试验所需的各种设备和仪器。在一次次的核试验中创造着奇迹。

在程开甲身边工作过的人都深知，他不但是一位勇于攻关、敢于创新、善于攀登的科学家，而且是一位作风严谨、工作细致、身先士卒的好领导。他在科研工作中注重实践，尊重事实，经常深入第一线，想方设法获取感性认识，在重大试验的关键时刻，他又是一位奋不顾身的勇士。

几十年来，程开甲一直把带科技队伍、育科技人才作为自己的使命，从试验筹备起就开始培养。核武器研究所成立之初设在北京通县（今北京通州区）马蹄楼，他经常住在那里，理论实验需要用化爆原理测试获取数据，他和研究所的同志经常到北京官厅水库搞化爆实验，用化爆力学参数计算出核爆力学参数。

程开甲深深懂得，核试验是一项尖端的事业，也是一个创新的事业，必须有人才。通过干事业，带出一支能吃苦、能战斗、能创新的人才队伍，是程开甲的又一大贡献。

核武器研究所成立之初，程开甲根据专业需求，从全国各地研究所、高校抽调了一批专家和技术骨干。对于他们，程开甲给予充分信任，作出了许多具有挑战性的工作安排。在选才用人上，程开甲始终牢记钱三强的一句话："千里马是在茫茫草原的驰骋中锻炼出来的，雄鹰的翅膀是在同暴风的搏击中铸成的。"

第一次核试验，立下大功的测量核爆炸冲击波的钟表式压力自计仪，就是程开甲鼓励林俊德等几名年轻大学生因陋就简研制的；同样，对于我国第一台强流脉冲电子束加速器的研制任务，程开甲大胆放心地将这个高难度项目交给邱爱慈。

后来，林俊德、邱爱慈都脱颖而出，成为中国工程院院士，邱爱慈还是研究所10位院士中唯一的女性。对此，邱爱慈感慨地说："决策上项目，决策用我，两个决策都需要勇气，程老就是这样一个有勇气、敢创新的人。"

时光如流，岁月如歌。程老在2018年11月17日在北京病逝，享年101岁。虽然生前已离开戈壁滩30多年，但他仍保持着那个年代质朴的生活方式。在没有计算机的艰苦年代，一把计算尺、一块黑板陪伴了他一辈子，到现在虽然计算机代替了计算尺，但程开甲对黑板还是情有独钟。长期以来，他已经养成了一种独特的习惯，总爱在小黑板上演算大课题。他的家里有一块茶几大的小黑板，办公室里也放着一块黑板。后来，他搬进了新居，装修时，还专门空出了一面墙，装上黑板。每当思考问题、搞演算，他总爱在小黑板上写写画画。有客人来访讨论学术问题时，他就让把想法写在黑板上……

虽然极富威望，程开甲为人仍然低调谦和，素来淡泊名利，他曾说："搞科研，不能急于求成，不能光想着出名，要重视平凡而艰巨的基础工作，要有奉献精神。只有这样，才能求是、创新，才能超过别人。"

面对荣誉，程开甲说："我只是代表大家去领奖，国家最高科学技术奖是对整个核武器事业和从事核武器事业团队的肯定。"

罗布泊爆发的声声"春雷"，凝聚了程开甲毕生的心血和汗水，雷霆已经远去，向往和平的人们却永远铭记着那个年代。

最后，让我们一起重温2018年《感动中国》对于程开甲的颁奖词：

空投　平洞　竖井

朔风　野地　黄沙

戈壁寒暑成大气

于无声处起惊雷

一片赤诚　一生奉献

一切都和祖国紧紧相联

黄沙百战穿金甲

甲光向日金鳞开

（作者：王建柱）

彭桓武
（1915—2007）

彭桓武，湖北麻城人，著名理论物理学家，中国科学院学部委员（院士）。1935年毕业于清华大学物理系，随后入清华大学研究院学习，1938年考取中英庚款留学生，1940年、1945年相继获爱丁堡大学哲学博士学位和科学博士学位。留欧期间曾在爱尔兰都柏林高等研究院从事科研工作，与玻恩、海特勒等物理学家合作，在固体物理、介子理论和量子场论等方面作出了有国际影响的工作。1947年底回国，

1948年当选为爱尔兰皇家科学院院士。彭桓武回国初期致力于量子力学在中国的早期普及，随后在中国尖端武器的研究和理论设计方面作出重要贡献。曾任二机部九所研究员和副所长、中国科学院高能物理研究所副所长、中国科学院理论物理研究所首任所长。晚年致力于物理学与其他交叉学科的发展。

彭桓武长期从事理论物理的基础与应用研究，先后在中国开展了关于原子核、钢锭快速加热工艺、反应堆理论和工程设计以及临界安全等多方面研究，为中国原子能科学事业作了许多开创性的工作，对中国第一代原子弹和氢弹的研究和理论设计作出了重要贡献。1982年获国家自然科学奖一等奖，1985年获国家科学技术进步奖特等奖，1995年获何梁何利基金科学与技术成就奖。1999年被国家授予"两弹一星"功勋奖章。

与杨振宁等并称"清华四杰"

1938年，当日寇的铁蹄在中华大地上肆意践踏时，一名23岁的年轻人踏上了远渡英国爱丁堡的客轮，去国离乡，远渡重洋去求学。这名年轻人叫彭桓武，"桓"取自张飞谥号"桓侯"，"武"取自岳飞谥号"武穆"。这个名字或许在一开始就注定了彭桓武一生的精忠报国之情。

彭桓武1915年出生于吉林长春，他的父亲彭树棠早年毕业于日本早稻田大学，辛亥革命后在长春县做县长，人称"长春彭"。受家学影响，彭桓武自幼虽体弱多病，却酷爱读书，尤其是对算术，他从小就表现出极高的兴趣和天赋。在4岁上学之前，彭桓武就已经掌握了复杂的四则运算。

1931年，彭桓武凭着天资聪颖和刻苦勤奋，考入了清华大学，在这里，他开始了与物理的不解之缘，这一年他16岁。1935年，彭桓武大学毕业后，继续在清华攻读研究生，师从周培源学习物理，与王竹溪、林家翘、杨振宁并称为"清华四杰"。在清华园的学习，对彭桓武来说，不仅是对自然科学知识的探索，"自强不息"的校训还时刻激励着他要发愤图强，担起挽救民族危亡的重任。在这样的环境下，彭桓武养成了好学深思、追求真理、开拓创新、不怕吃苦的品质。这为他将来带领科研团队攻克难题，以自然科学报国打下了坚实的基础。

1937年，日寇的侵华行动日益严峻。彭桓武踏上了南下逃亡的道路，除了必要的行李，他还怀揣了一包足够毒死他三次的砒霜，做好了倘若被日本人抓住，决不做顺民的打算。乱世之中，人命如草芥，彭桓武选择宁折不弯，他身上表现出来的"宁为玉碎，不为瓦全"的气节让人敬佩。后来，他写诗道"世乱驱人全气节，天殷嘱我重斯文"。这是乱世之中知识分子的风骨和气节，更是中华民族压不弯的脊梁。

1938年，彭桓武在老师周培源的推荐下，取得了中英庚款留学名额，远赴英国爱丁堡大学，跟随马克斯·玻恩从事固体物理、量子场论等理论研究，期待学成归来报效祖国。

回国不需要理由，不回国才需要理由

马克斯·玻恩是量子力学理论研究的奠基人之一，治学严谨又待人诚恳，是良师也是益友。在良好的学术氛围中，彭桓武凭着傲人的天赋和勤奋钻研的精神，不断取得新的进步，在1940年获得了哲学博士学位。对于学术，彭桓武一直本着精益求精的精神，以此来严格要求自己，他对自己的博士论文就不太满意，认为只做了其中的一半。他的导师玻恩却说："如果你都做了，就不能给你哲学博士，而是给你科学博士了！"

1941年，打算学成归国的彭桓武，由于不愿签署一项侮辱性的条款，回国的行程被迫搁置。这一搁置就是6年。1941年8月，彭桓武在都柏林高等研究院从事博士后研究，在这期间，彭桓武的研究取得了一系列成果。1941—1943年，他与其他科学家合作发表了HHP理论。1945年获得了科学博士学位，并获得了英国爱丁堡皇家学会麦克杜加尔-布列兹班奖。1945—1947年，彭桓武在都柏林高等研究院理论物理研究所担任助理教授。

客居异乡的9年，彭桓武的学术能力、理论修养得到了很大的提升。赢得了导师玻恩、薛定谔的多次赞赏。玻恩说："他比其他学生聪明能干，好像什么都懂、什么都会。"薛定谔称赞道："我简直不敢相信，这个中国年轻人学了那么多，知道那么多，理解得那么快。"

1947年，彭桓武回到了魂牵梦萦的祖国。代表云南大学前往比利时参加"大学教授会议"，之后辗转与钱三强在法国相见。两人心照不宣，决心回到祖国大干一场，此夜没有响起《折杨柳》的曲子，两人的故国之思，报国之志却被激起。1949年，彭桓武经香港转道回到了母校清华大学。

很久之后，有人问彭桓武已经在国外取得了一些成就，获得了知名度，为什么还要回国。他回答："回国不需要理由，不回国才需要理由。"

不是工农兵协力，焉能数理化成功

新成立的中华人民共和国，百废待兴，急需一大批人才来建设。回国以后，彭桓武先后在云南大学、清华大学、北京大学、中国科学技术大学等多所大学任教，并参与创办了中国科学院近代物理研究所。他奖掖后进，提携后辈，为新中国培养了一大批优秀的科研人才。在与学生的相处中，他平易近人，亦师亦友，丝毫没有留洋归来的架子。"老师像'钟'，你敲钟的劲越大，老师给你的回答就越深入！"他用这样的例子鼓励学生提问，提倡学术交流和碰撞。他还总结了学习方面的经验，即"学问主动，学友互助，良师鼓励，环境健康"四句话。多年的教育生涯，他不仅教给了学生科学知识、科研方法，更把严谨治学、求真务实的科学精神传承了下去。

1960年，国际风云变幻，苏联撤走了所有专家。新中国面临重重困难。1961年，彭桓武被调到核武器研究所，顶替苏联专家从事原子弹理论研究。面对外部国际封锁，以彭桓武为代表的老一辈科学家，不畏艰险，咬紧牙关，攻坚克难，在每一个灯火通明的夜里，在每一次学术会议上的争论中，在每一次推翻重来的计算下，勇攀一座又一座科学高峰。钱三强多次感叹："彭桓武默默地做了许多重要工作，但很少有人知道。"为了更好地掌握和突破原子弹设计技术，科研人员决定先计算这个教学模型，但是没想到的是有一个数据总是与苏联专家提供的不一样，前前后后，算了9次之多，这就是著名的"九次计算"。

直到1961年夏周光召运用炸药能量最大功原理证明苏联专家提供的数据不可能，这才结束了九次计算的争论，使第一颗原子弹理论设计得以继续进行下去。

但是原因还是没有找到，研究人员并未放弃。直到第一颗原子弹的总体计算程序编制好后，在运算中人们偶然间发现，在用人为粘性处理激波时，当前面的系数取得不合适时，在激波阵面震荡松弛过程中，会出现一个波峰值，这个数据就是困扰大家很久的苏联专家提供的数据。原因终于找到了。因为这个容易被忽略的数据，人们打了一场不屈不挠的攻坚战。经此一战，为第一颗原子弹理论设计奠定了坚实的基础，也为武器设计培养和锻炼了人才，更树立了科技队伍必胜的信心。因此，九次计算也成为中国核武器发展史上的代表性事件之一。

早些年陈能宽院士与彭桓武诗文互通，陈能宽出的上联是："回顾三十年过去，弹指一挥间：三十功名尘与土，八千里路云和月。"彭桓武对的下联是："俯瞰洞庭湖内外，乾坤日夜浮：洞庭波涌连天雪，长岛人歌动地诗。"从他16岁踏进清华园到1964年中国第一颗原子弹爆炸成功，这中间隔了不止30年；从他的故乡长春，到北京、昆明，再到英国、爱尔兰，直到青海，这期间跋涉了不止八千里。时间和道路是见证者，见证了彭桓武从一个籍籍无名的青年成长为国之栋梁的奋斗历程，也见证了中华民族从被人欺侮到站起来的艰难岁月。时间和道路也是丈量者，但"三十功名"、"八千里路"无法丈量彭桓武的爱国之情、强国之志。

淡泊名利提携后进

彭桓武一生生活简朴，淡泊名利。留学欧洲时，他将节约下来的大部分奖学金用于购买与物理、化学相关的英文原版书籍。回国前，他又特意买新木箱将这些书籍打包，辗转香港、上海、昆明，最后到达北京。

彭桓武去世后，他的所有书籍（共九个书架，其中大部分是英文原版的理论著作）捐赠给中国科学院理论物理研究所，这是一笔宝贵的财富。

完成核武器理论研制后，彭桓武认为已经完成中国年轻一代核物理工作者的培养任务和使命，便主动申请回到理论物理研究工作。1972年，他先回到中国科学院高能物理研究所工作。1978年中国科学院理论物理研究所成立后，彭桓武担任所长。五年任期一结束，他便向院领导写信请辞所长一职，推荐更加年轻和有领导能力的周光召担任所长。当时，有同事建议他担任理论物理研究所名誉所长一职，他认为"不要这样为好，我也很不愿意这样，挂名的'名誉'。近年来我在担任理论物理所所长期间，主要工作均委托青年同志去办，已经担任过了名誉所长。但我对这种状况早已厌烦。长此下去对工作不利。且我所是一个新所，建立时院领导即指示我所要有一个新的作风。由于历史较短，在我所尚未形成长期一贯的所长制。所以我建议理论物理所从一开始即根本不设名誉所长职称。如在追溯历史有需要时，只表明某某所长（起讫年月）即可"。

除了理论物理，彭桓武还提倡发展交叉学科，建议开展理论生物和理论化学研究。他亲自推动全国的统计物理和凝聚态理论研究，促成了每两年一次的全国统计物理和凝聚态理论系列会议。20世纪90年代，他又大力倡导生物物理的发展。

同时，彭桓武还提倡理论化学物理的研究。而他自己，为了还硕士指导教师周培源先生的"债"，直到90岁仍在研究广义相对论并发表学术论文。彭桓武就这样不断地开辟新方向，坚持工作在科研第一线，培养了一批又一批学生，为我国理论物理事业的发展，花费精力进行了许多组织和研究工作。而在工作有了基础后，他总是悄然引退，把领导职务逐个移交给更年轻的科学家。

集体集体集集体，日新日新日日新

1984年，10名科学家获得了"原子弹、氢弹研究中的数学物理问题"自然科学一等奖，在这个重要奖励中，彭桓武排在了首位。按照相关规则，这个奖章本应由他本人保存，他却表示荣誉应该属于大家，他说："奖章我收下了，现在这枚奖章已经归我所有，我有权来处理它，请你们把它带回去，就放在研究所，献给所有为我们这项事业贡献过力量的人吧。"并且他还挥笔写下了"集体、集体、集集体，日新、日新、日日新"这句话。

1995年，彭桓武获得了何梁何利基金科学与技术成就奖，在致谢词中，他表示自己还"不够艰苦勤奋"。随后他设立了"彭桓武纪念赠款"，将获得的100万港币奖金悉数捐出，用以帮助那些早期在核工业研究中健康受到损害的同志，从1996年到2004年，共惠及35人。

中央电视台《大家》栏目主持人曾在访谈中提及这100万奖金，认为它对普通人来说足可以过上舒适的生活，彭桓武立即回答："对我来说没用，我生活足够了，加这一百万或不加这一百万（都一样），这一百万等于白搭。因为你一个人只能用那么多钱，你像我现在吃，大夫给我限制的，我只许吃这么多东西，一天只许吃一个鸡蛋，吃两个鸡蛋都不行，那个钱对我有什么用？"

对于名誉和职务，彭桓武也很淡然。他曾担任三届全国人大代表和一届全国政协委员，但因从未提过案和从未发过言而自己给自己"革了职"。

晚年的彭桓武，辞去了各种职务，深居简出，生活简朴，没有专车接送，也没有专家的派头。他一生淡泊名利，谦冲自牧。正如他父亲的咏雪诗里写的："本来明月是前身，玉骨冰肌别有真。"彭桓武以一颗纯真的赤子之心追求真理，报效祖国。他不计名利，不计得失，无私奉献，如一轮明月映照世间，似一缕清风涤荡人心。

2007年2月28日，彭桓武走完了他光辉灿烂又潇洒出尘的一生。有的人死了，他却还活着。太空里那颗名叫"彭桓武"的行星永远闪耀。他身上体现的"热爱祖国、无私奉献，自力更生、艰苦奋斗，大力协同、勇于登攀"的"两弹一星"精神将永远照亮我们前行的路。

这，就是彭桓武献身集体、献身科学的一生写照！

（作者：潘建红 杨珊珊）

王淦昌

（1907—1998）

王淦昌 (1907年5月28日－
1998年12月10日)
核物理学家、中国核科学的奠基人和开拓者之一、
中国科学院院士、"两弹一星功勋奖章"获得者。
二〇二〇年十月一日 丹霞御礼 戍顏

    王淦昌是我国杰出的物理学家，毕生心怀祖国、矢志科学报国，是我国粒子物理、核物理等领域的主要开拓者和奠基人，在宇宙线研究、新奇粒子探索、核武器研制、核能开发利用、惯性约束核聚变等多个领域中身先士卒，开辟耕耘，在教育和高科技等多项事业中投入精力，倾注心血，创造了不可磨灭的丰功伟绩。回望他的一生，是以爱国情怀引领思想实践、攻坚克难无私奉献的一生，是锐意进取不断

创新、臻于至善上下求索的一生，是焚膏继晷恪尽职守、勤勤恳恳精益求精的一生，是循循善诱关爱后学、为人师表桃李天下的一生。

1919年，五四运动轰轰烈烈地展开。当时王淦昌才12岁，在读小学，也加入到江苏省常熟县沙溪镇师生的游行队伍当中，举着小旗，宣传反对卖国贼、抵制日货，声援北京青年学生的"五四"爱国运动。王淦昌晚年回忆这第一次游行的经历时说："那时还小，只觉得能为国家兴亡出点力就是光荣"，"我从小就想做一个像岳飞那样的人"。1925年发生"五卅惨案"，王淦昌随上海汽车学校师生游行，在散发传单时被一名印度巡捕抓走。他用英语对印度巡捕说"我是为祖国的命运而斗争，你却为侵略者效劳"，并反问他假如这事发生在他的祖国"你能抓自己的同胞吗？"王淦昌将心比心、晓之以理地感动了巡捕，巡捕把他带到角落将他释放，挥手叫他快走。

1926年，王淦昌亲历了"三一八惨案"。他和同学参加了北平的"反对八国通牒国民示威大会"，这一次他亲眼看到军警向手无寸铁的学生开枪，同班同学韦杰三应声倒在血泊中，他错愕惶恐、愤然无助。当晚去到叶企孙老师的家中，叶老师激动地对他讲了当时的形势和学生的使命，"科学，只有科学才能拯救我们的民族"。受到叶老师慷慨陈词的感染，王淦昌此刻意识到"爱国与科学紧密相关"，这成为他"生命中最最重要的东西"，乃至"决定他毕生的道路"，他从此立下"科学救国"的志向。1930年，王淦昌赴德国柏林大学留学，在感慨于理想学府的学术氛围的同时，他常想到自己的国家贫穷落后，需要学好本领，振兴国家。他回忆道，"在德国我很想念自己的祖国"，常想起"三一八惨案"等在国内的事情，"深感中国青年应该负起救国的责任"，抓紧学习。经过3年多的学习，他取得了博士学位，决定回国。至于回国的原因，有三个方面。首先，是当时德国希特勒掌权，开始实施法西斯专政，残害犹太人，王淦昌的导师迈特纳因是犹太人而被停课，继而逃亡瑞典，触目惊心的恐怖气氛使王淦昌感到窒息。其次，在这种情形下，家国情怀使王淦昌"更加思念祖国和亲人"。最后，王淦昌在德国也时刻深切关注国家的形势，1931年得知九一八事变后，他甚至"已没有心思继续埋头书本和实验室里"。毕业前有人劝他留在德国继续发展，表示："科学是没有国界的"，何必回到科研条件不能满足需求的落后的中国呢？他毅然回答道："科学虽然没有国界，但科学家是有祖国的"，祖国正遭受灾难，"我要回到祖国去，为她服务"。就这样，怀揣着对祖国深深的认同感和归属感，王淦昌终于在1935年回国了。1986年他对赴美攻读物理学博士学位的学生讲，"学成归来"，"不应等待"，"等待，祖国就不会有出路"。1952年抗美援朝战场上我方发现美军使用一种威力很强的炮弹，疑似是原子弹。4月的某天中国科学院领导约见王淦昌说明院里决定派他去前线的意图，征询他的意见，他义无反顾地答应下来。接到命令后王淦昌亲自制作盖革计数器，小心翼翼地保护着设备奔波在满目疮痍、险象环生的战场前线。为躲避轰炸只得夜晚驱车前进，一次由于司机失误打开了车灯瞬间招致敌军的七八颗空投炸弹，爆炸就近在咫尺，险些翻车，这次九死一生的经历是他"一生中最危险的时刻"。经过反复测量，他最终判断美军炸弹碎片并非原子弹的散落物。

在前线他还为官兵讲解了原子弹的原理和效应，回国后全国政协为他颁发了抗美援朝纪念章。

在重要关头，王淦昌除了义无反顾地勇于献身，更是倾其所能地慷慨解囊、捐钱捐物。1937年，正值全面抗战的危急之际。王淦昌随浙江大学师生慰劳、义演，宣传抗日救国。他走上街头挨家挨户收铜收铁，动员募捐，并与妻子吴月琴商量，虽然"不能投笔从戎"，但"可以捐钱捐物"，妻子也非常赞同，决定把积蓄多年的钱财和结婚时的金银首饰全部拿出捐献。从抗战时的"捐钱捐物"，再到1960年底王淦昌从苏联杜布纳联合原子核研究所回国前将俭省下来的14万卢布（当时价值近人民币3万元）津贴捐献给中国驻苏大使馆，"分担一点国家的暂时困难"，无不体现着他的家国胸怀、民族大义。1959年6月，苏联赫鲁晓夫集团单方面撕毁协议，背信弃义地撤走专家，销毁图纸、材料，新中国刚刚起步的核技术研究乃至工业发展陷入困境，一筹莫展。王淦昌时任苏联杜布纳联合原子核研究所副所长，带领实验小组探索高能粒子。1960年9月和11月，第二机械工业部（以下简称"二机部"）两度向周恩来、聂荣臻和国家科委报告，提出调王淦昌回国的设想，1960年12月底，任期已满的王淦昌回到北京。1961年4月3日，二机部部长刘杰紧急约见王淦昌，开门见山地说想请他参加领导原子弹研制工作，"有人要卡我们，中国人要争这口气"，王淦昌听后百感交集，党和人民的重托一下子落在他的肩上，而这也正是他自己的追求，他没有多言，斩钉截铁地答道"我愿以身许国"，第二天便到二机部报到。面对领导提出的"要长期隐姓埋名、要断绝一切海外关系"等保密要求，王淦昌给出的答复都

是"可以做到"。从此，王淦昌便化名"王京"，从国际科技界销声匿迹，取而代之的是他对"以身许国"承诺的坚守。要知道王淦昌回国前方才领导苏联杜布纳联合原子核研究所发现了反西格马负超子，在钻研了许久的高能粒子物理领域取得了举世瞩目的成就，而不到一年，他就要褪去高光、转入幕后，从事他此前并不熟悉的核武器研制工作。当时知情人士为他感到惋惜，但他认为国家强盛才是他真正的追求，这正是他报效国家的时候。一系列实验开始，王淦昌随队来到荒凉的怀来燕山长城脚下"17号工地"进行爆轰试验。该地条件恶劣，仅有简易营房和帐篷，冬天风雪交加飞沙走石，夏天如同火盆炙热难耐；当时国家经济困难，生活也很艰苦，但这都不能阻挡他们忘我的工作，他们因陋就简，在不透气的帐篷里搅拌炸药，烟雾弥漫也毫不退缩。经过反复摸索，爆轰试验成功。随着原子弹理论设计方案完成，二机部除理论人员留京外，实验、设计、生产人员大举迁到青海海晏高原上的核武器试验基地。因工作保密，王淦昌对妻儿谎称去西安工作并未解释更多。高原缺氧、风沙严寒更甚，但他依旧冲在前头，还经常教育年轻人搞科学研究"不能怕艰苦"，"不能过多考虑个人生活"，"甚至可以过原始人的生活"。

在筹备关键实验的时候，王淦昌克服劳累和高原反应，顶着感冒、咳嗽、发烧、血压升高也坚持到试验基地检查指导。经过多次的大大小小的冷试验、热试验，1964年10月16日，我国第一颗原子弹爆炸成功。原子弹爆炸成功后，中央发出指令，氢弹也要加快研制。王淦昌时任二机部九院副院长，理论方案制定后，他作为主管实验的副院长，抓紧推动工作。面对艰苦的条件，王淦昌亲自过问把关，落实中央要求，尽量减少热试验次数，使单次试验多方收效，就这样，不畏寒暑，夜以继日，距第一颗原子弹试验成功后仅两年零两个月，氢弹原理试验成功。经过紧张的设计、试验、加工、装配，1967年5月氢弹正式试验前的准备工作完成。1967年6月17日，第一颗氢弹空投爆炸成功，从原子弹到氢弹，中国仅用了两年零八个月，成为当时核武器发展最快的国家。氢弹爆炸成功后，王淦昌依然坚守在岗位上，从事漫长的地下核试验工作。其实研制氢弹时，政治上的风波就已经开始影响科研一线了。青海也一样混乱，基地开展"清理阶级队伍"运动，不少干部不能出来工作，王淦昌业务、管理"一肩挑"，既要抓生产抓实验，又要做好组织领导工作。领导研制大型X光机时，面对"界面不稳定性"的争论，他坚定地站在科学真理一边，坚持用实验来验证，并表示不研制出来，他"死不瞑目"！由于在这件事上与"造反派"意见不一致，王淦昌被扣上了"资产阶级反动学术权威""活命哲学""扰乱军心"等帽子，受到批斗，但他拒绝附和，不屑一顾，继续科学研究。政治高压使他血压升高，外加工作劳累，他晕倒在厕所，醒来时却想的是无论怎样"我对国家的忠诚不会变，追求真理的心不会变"。在周恩来总理的指示下，王淦昌被九院任命为新成立的办公室负责人。面对几近停摆的局面，他心急如焚，反复动员大家，申明地下核试验的好处和重要性。食堂没人做饭就动员家属们做饭，材料装备无法运输又去做车队的工作，挨个宿舍动员职工和技术人员重返岗位，终于挽回了局面，重启了工作，并领导完成3次地下核试验，为核武器发展创造条件。漫长的17年，他淡出公众视野，默默辛勤耕耘，甘愿无私奉献。为了保质保量按时完成任务，他与艰苦的条件、落后的设施、甚至是波动的政治环境作斗争，自始至终，他都坚信科学真理，与祖国站在一边，与科学站在一边。

王淦昌不图虚名，淡泊名利，从20世纪80年代起他主动请辞一些领导职务，把机会让给年轻人，专注科学研究。1982年4月中央同意他不再担任二机部副部长和原子能所所长的职务，改任二机部科技委副主任和原子能所名誉所长。

1985年和1986年他两度致信国家科委请求辞去核聚变专业组组长职务。1987年他担任核工业总公司（前身为二机部）科技顾问。虽然离开领导岗位，但他依旧坚持在一线指导科学研究，关注我国核电开发、核聚变研究、核技术应用、高科技发展，多次向部门和中央领导建言献策。1990年他就我国核电事业发展问题致信江泽民总书记和李鹏总理，李鹏复信，感谢他虽然年事已高，却一如既往关心国家核电事业并提出了很好的建议。直到90岁，他还经常到原子能研究院（前身为原子能研究所）和设在那里的惯性约束聚变研究室去，查文献、看书、指点年轻人工作、讨论问题，戏称那里是他的"自留地"。

1984年4月18日，他获得德国西柏林大学授予的荣誉证书，纪念他获得博士学位50周年且一直奋斗在科研第一线。他就是这样"勤勤恳恳做工作，艰苦奋斗干事业"，用他的话讲："不做工作，没意思；安度晚年，我不高兴；享福我更不喜欢。我喜欢这样一句话：鞠躬尽瘁，死而后已。"

王淦昌为广大科研人员、教师、青少年树立了良好的榜样。王淦昌扶持后学，砥砺创新，启示更多的科学家既要做科技创新的开拓者，又要做提携后学的领路人，甘为人梯，言传身教，为拔尖创新人才脱颖而出铺路搭桥；启示广大科研人员树立科学创新精神，提高创新潜能，在继承前人的基础上不断超越。王淦昌为人师表，堪称一代宗师，启示更多的教师应该将教书育人相统一，为学为师，立德立言，做学生锤炼品格、学习知识、奉献祖国的引路人。王淦昌坚持求索，注重实践，启示广大青年锲而不舍、探索真知，"以青春之我，创青春之国家，青春之民族"。

（作者：马鑫）

邓稼先

（1924—1986）

邓稼先 （1924年6月25日—1986年7月29日）
中国科学院院士, 著名核物理学家, 中国核武器
研制工作的开拓者和奠基者, 为中国核武器, 原子
武器的研发做出了重要贡献。"两弹一星"功勋
奖章获得者。
二〇二〇年十二月十五日

　　邓稼先，安徽怀宁人，物理学家。中国核武器研制与发展的主要领导者、组织者，"两弹一星"元勋。面对组织重托，他毅然挑起重担，一脚踏入我国原子弹和氢弹的试验之门，一次次深入现场，最终抛洒热血、以身许国。28年间，他始终站在中国核武器设计制造和研究的第一线，以实际行动践行了报国的初心和使命，他就是中国的"两弹元勋"邓稼先。

安徽省怀宁县白麟畈，风景秀丽，群山环抱，是一个典型的南方农村，这里坐落着一座名为"铁砚山房"的宅院，1924年6月25日，邓稼先在这里诞生。据邓家祖谱记载，元末明初因连年征战，安徽人口下降迅速，明太祖朱元璋下了一道移民令，邓家远祖邓君瑞便带着全家由江西省鄱阳县迁到了白麟畈。铁砚山房是由邓稼先的六世祖邓石如于清乾隆六十年（1795年）修建，共四进60余间房。宅院是典型的徽派建筑，构造精巧、碧水环绕、翠竹丛生、美如画卷。邓石如是清代著名的书画金石学家，湖广总督毕沅曾赠给邓石如一方铁砚，邓石如感念毕沅的知遇之恩，回到家乡怀宁后，将此砚藏于书房，并将书房取名曰"铁砚山房"。

邓家名流辈出，在安徽书画界和教育界均享有盛誉。邓稼先的祖父邓艺孙是清末教育家，曾任安徽省教育司司长。父亲邓以蛰自幼刻苦攻读，1917年到美国哥伦比亚大学攻读哲学和美学，学成归国后分别受聘于北京大学和清华大学哲学系担任教授，中西学养深厚。诗书传家的学养氛围使邓稼先从小深受优秀传统文化的熏陶，守礼义、知廉耻、讲忠信。邓以蛰是一位有着强烈爱国情感和民族自尊心的教育家。抗日战争全面爆发后，北京大学、清华大学等高校纷纷南迁，患有肺病的邓以蛰只能带全家滞留在沦陷区北平。由此，父亲清贫守志、坚决不任伪职的高风亮节深深感染和影响了邓稼先，邓稼先自小就拥有一颗赤诚的爱国之心。少年时期，山河破碎的残酷现实强烈地冲击着邓稼先，他立志将来要学好本领，报效祖国，为祖国的强盛贡献自己的力量。当时日本军部规定，凡是中国老百姓从日本哨兵面前走过，都要向其鞠躬行礼。强烈的民族自尊心使邓稼先宁肯绕道走很多冤枉路，也绝不向侵略者折腰。一次，日本人召集中小学生庆祝"皇军"取得的军事胜利，给每个中小学生都发了一面日本军旗。邓稼先久抑在胸中的怒火终于爆发，他把纸旗扯碎扔在地上，还狠狠地踩了几脚。为使邓稼先免遭不测，邓以蛰决定让大女儿邓仲先带着邓稼先南行。临别之际，父亲用平和但坚决的语气对邓稼先说："以后你一定要学科学……学科学对国家有用。"邓稼先本身就对数学、物理有着浓厚的兴趣，父亲的叮嘱与邓稼先心中的志向不谋而合，他将父亲的话牢记在心。也是从这时起，邓稼先的人生轨迹逐渐明晰。

1940年春末夏初，邓稼先姐弟乘船南下，经上海、香港、越南等地，于盛夏时节到达昆明。1941年秋，邓稼先考入西南联大物理系。在日军铁蹄践踏的中国后方，学生们饱尝家园沦丧的痛苦，深怀报国大志，邓稼先执着地追求和实践着自己的强国之梦。

1945年夏，邓稼先从西南联大物理系毕业，后受聘于北京大学物理系。在邓稼先赴美之前，他的同学袁永厚对他说："中国的天快亮了！"想让他留下来和大家一起迎接新中国的成立。邓稼先坦诚地回答道，将来新中国建设需要人才，他学好本领后一定回来报效祖国。1948年10月，邓稼先进入美国印第安纳州的普渡大学研究生院，跟随导师德尔哈尔进行核物理方面的研究。美中两国科技水平之间的巨大差距，深深地刺痛了邓稼先的民族自尊心。他如饥似渴地投入核物理学习中，在导师的指导下只用了不到两年的时间，便修满了学分并完成了博士论文，于1950年8月20日顺利获得了博士学位。

在获得博士学位仅仅9天后，邓稼先婉拒了导师的好意，放弃了继续深造的机会，冲破了重重险阻，与100多名中国留学生一道登上了威尔逊总统号邮轮启程回国，参加新中国的建设事业。年轻的新中国百废待兴，却面临着帝国主义的战争威胁和经济技术封锁，朝鲜战争的爆发更使中国直接面临着来自美国的核威胁。毛泽东和党中央清醒地认识到，要想确保中国国土安全和主权完整，在世界上不被其他国家肆意凌辱，就必须拥有自己的原子弹和氢弹。1952年8月，国家成立了专门组织领导核工业建设的第二机械工业部。1955年1月15日，毛泽东主持召开中共中央书记处扩大会议，听取李四光、钱三强和刘杰关于中国原子能科学的研究现状、原子武器、原子能和平用途等的讲解，讨论发展原子能事业问题。这次会议，标志着中国核工业建设的开始。核工业创建之初，我国积极争取苏联的援助。1956年8月，两国政府签订了《关于苏联援助中国建设原子能工业的协定》。1957年10月，两国政府又签订了《国防新技术协定》。苏联将向中国提供原子弹的教学模型，中国方面则组织科技人员从事原子弹的研制工作。负责这项工作的人选成了一个很关键的问题。这个人既要专业对口、有相当高的专业水平和科研能力，名气又不能太大，还要出国留过学，能与外国人打交道。此外，还必须政治条件好、政治觉悟高、组织纪律性强。经过层层筛选，在中科院近代物理研究所从事原子核理论研究的邓稼先成为最佳人选。这项任务不仅困难重重，还意味着从此要隐姓埋名，在人间"蒸发"。为了实现自己的报国初心，邓稼先毅然挑起了这副重担。1958年8月，邓稼先被调往第二机械工业部第九研究所（1985年1月更名为"中国工程物理研究院"）担任理论部主任，担当起核武器理论设计的重任。组成了原子弹理论研究的早期队伍。最初的计划是向苏联专家学习，走仿制的道路。邓稼先和他领导的团队加班加点、认真学习，可是苏联专家们却迟迟不肯进入正题。1958年，邓稼先接受研制原子弹任务，隐姓埋名前拍下一张全家福。1959年6月，中苏关系破裂。7月，周恩来总理向第二机械工业部部长宋任穷传达中央决策："自己动手，从头摸起，准备用8年时间搞出原子弹。"当时王淦昌、彭桓武、郭永怀等高水平的科学家尚未调过来，确定理论设计主攻方向的任务就落在了邓稼先的肩上。由仿制到自主研制，一切要从头摸索，其难度可想而知。作为首先研制成功原子弹的国家，美国在当时不仅拥有高度发展的工业水平，还拥有众多世界一流的科学家，他们中先后获得诺贝尔奖的有十几人。而邓稼先只领导着28个刚毕业的大学生。在此之前，中国科学家都没有参与过原子弹研制，甚至连原子弹模型都没有见过。加上西方国家都将原子弹制造技术视为国家最高机密，实行严密的技术封锁，要想制造出原子弹是何等艰难！原本活泼开朗的邓稼先变得沉默寡言，他的思维在原子弹理论设计的茫茫宇宙中旋转飞腾，彻夜难眠。经过不知多少个不眠之夜的思考，邓稼先终于确定将中子物理、流体力学和高温高压下的物质性质三个方面作为主攻方向。这是邓稼先为我国原子弹理论设计工作作出的最重要贡献。这三个方向日后被证明是原子弹研制最核心的三个领域。理论部的年轻科研人员按照这三个方向被编为三个组，分别进行研究。邓稼先全面统筹、分组指导。此外，他还亲自领导高温高压下物质性质组。

　　为了计算原子弹爆炸时内部所要达到的大气压数值，邓稼先带着年轻人夜以继日、轮番上阵，进行了大量繁重而精微的运算，运算纸装了好几麻袋，他们拥有的计算设备只有几把计算尺、几台手摇计算机，还有算盘。饭忘了吃、头发没时间理、衣服纽扣扣错都是常发生的事。最终，他们得出了一个精确数字，推翻了苏联专家的爆炸参数，解决了原子弹试验成功的关键性难题。著名数学家华罗庚说过，这次运算是"集世界数学难题之大成"的成果，对于原子弹研制有着重大的应用价值。邓稼先还独辟蹊径，带着年轻人从图书馆抱回一大堆别国核电站发生事故的材料，创造性地从相反的角度进行推断，推导出中子输运的规律，从而解决了原子弹爆炸的一些理论问题。1963年初，在理论部全体科技人员的共同努力下，终于完成了包括结构、尺寸和材料等在内的原子弹理论设计模型，邓稼先在设计方案上郑重签上了自己的名字。这个原子弹理论设计框架的最特别之处在于使用铀235作材料，同时采用内爆方式，走了与美、苏、英、法4个核大国完全不同的路径。1964年10月16日下午3时整，随着启爆零时的到来，一道强光闪过，一个巨大的火球腾空而起，直冲云天，好像升起了半个太阳。数秒钟后，一声惊雷震撼长空……邓稼先头戴护目镜，眼望那朵倚天接地、壮观无比的蘑菇云，流下了激动的泪水。经测算，这颗原子弹的爆炸威力相当于2万吨TNT炸药。当天，国务院总理周恩来在人民大会堂庄严而又兴奋地宣告：核大国对中国实行核垄断、核讹诈的历史从此结束了！早在1963年9月，第一颗原子弹总体设计方案完成并上交中央专委后，中央便指示邓稼先所领导的理论部，集中全部精力，投入氢弹的研制工作。科研人员兵分三路，分头运算研制氢弹的可能途径。1965年9月，于敏领导的研究组在利用上海的高性能计算机进行计算的过程中，终于找到了一丝线索，邓稼先立即带人奔赴上海投入计算工作。经过通宵达旦的计算、分析、讨论，终于形成了一个有充分论证根据的方案，后来被称为研制氢弹的"邓于理论方案"。其后，又在设计实验、生产试验等方面与各地各部门通力合作，以最快的速度完成了氢弹的核试验。1967年6月17日，罗布泊的上空出现了一轮"新太阳"，紧接着绽放了一朵巨大的蘑菇云，氢弹爆炸成功完成。经过技术分析，其爆炸当量和有关效应与理论设计完全相符，标志着中国核武器研究达到了新的高度。从研制第一颗原子弹到氢弹的研制成功，美国用了7年零4个月，苏联用了4年，英国用了4年零7个月，法国用了8年零6个月，而中国仅用了2年零8个月，世界各地都惊叹于中国速度。1971年，诺贝尔物理学奖获得者、美籍物理学家杨振宁第一次回国访问，他向西南联大的同窗挚友邓稼先求证：中国的原子弹研制工作是否有外国人参与？邓稼先连夜写信告诉杨振宁："中国的原子弹、氢弹全部都是由中国人自己研制成的，没有一个外国人参加。"杨振宁看到此信，一时热泪盈眶。这位享誉世界的物理学家深知其中的艰难困苦，他为邓稼先感到由衷的骄傲！

邓稼先为了祖国核事业的研究工作无私奉献、不计得失。从接到任务开始，他就已经做好了为核事业奉献生命的准备。他经常身先士卒、冲锋在前，在最危险的地方总会有他的身影。开启有放射性剂量的密封罐时，他在；产品总装插雷管这一最危险的时刻，他也在。他那高大的身躯和憨厚的笑容，成了现场工作人员的定海神针。在日常的实验中，工作人员经常会受到核辐射的伤害，他们管这叫"吃剂量"，而"吃剂量"达到一定程度后最大的危险是患上癌症。邓稼先从事核武器理论设计工作，并不需要每天直接接触核材料，按照常理是不用经常"吃剂量"的。但责任心极强的他不愿天天待在办公室里，经常亲临加工车间及试验场区，由此掌握了大量的第一手资料。在1986年前国家进行的32次核试验中，他现场主持过15次，每一次试验都获得了圆满成功。但成功的背后总有无数的艰辛，邓稼先承受了相当大剂量的核辐射，对身体造成了严重伤害。1979年的一次核试验中，核弹没有预期爆炸，为了弄清核弹头的详细情况，邓稼先决定亲自去出事地点验证。在场的同志们纷纷阻拦，但是在邓稼先的心中，试验的成败高于一切，他拒绝了同志们的好意，断然决定独自深入事故中心开展调查。为了近距离观察核弹头是否有可能发生核爆炸意外，邓稼先不顾一切地拿起一块破碎的弹片进行观察——这可是死神之吻啊！经过仔细检验后，确认没有发生核爆，邓稼先这才放下心中大石，可他的身体却遭受到难以估量的放射性钚辐射的伤害。这次事故给邓稼先的健康造成了不可弥补的巨大伤害，邓稼先自己似乎也意识到了，因此更加忘我地工作。在原子弹和氢弹爆炸成功后，邓稼先紧接着又开始了对第二代核武器中子弹的研究。此时他的身体已经非常虚弱，走路经常上气不接下气，还出现了便血的情况。1984年年底，邓稼先亲临现场，指挥了一生中最后一次核试验。其间数次虚脱，为了不因脱水而倒下，邓稼先将盐和糖放进茶杯里大口地喝下，不断补充盐分和水分。各种测试仪器启动后，科技人员突然发现井下有个信号测不到了。零下30摄氏度的戈壁滩，狂风呼啸、寒风刺骨，大家劝邓稼先先回去，他却只说了一句："我不能走。"一直等到故障排除，他才和众人一起离开现场。在这次试验中，邓稼先他们第一次观察到预期的中子主体点火和燃烧的新现象，标志着我国的中子弹研究有了重大突破。邓稼先高兴地写下诗作：红云冲天照九霄，千钧核力动地摇。二十年来勇攀后，二代轻舟已过桥。

1985年8月，邓稼先被确诊为直肠癌。术后身体极度虚弱的邓稼先，一边治疗，一边仍潜心研究着核武器的发展。他从资料数据中认识到美、英、苏三个核大国的设计技术水平已接近理论极限，达到了实验室模拟的地步，他们完全可能通过限制别的国家试验来维持自己的核强国地位。一旦发生这种情况，对正处于发展关键阶段的中国核事业将会带来极其不利的后果。邓稼先强忍病痛，在病房里和九院的同事们反复商量并拟定了给中央的关于我国核武器发展的建议书，并和于敏联合署名，上报中央。此后，按照这份建议书，中国的核武器研究工作继续攻坚克难，终于赶在国际禁止核试验之前达到了实验室模拟水平。1996年7月29日，在邓稼先逝世10周年纪念日当天，中国进行了第45次也是最后一次核试验，完成了核极限试验。第二天，各大报纸即刊出了中国政府的郑重声明：从此以后暂停核试验。

1986年7月29日，邓稼先因全身大出血，医治无效，永远离开了这个世界，离开了他为之奋斗、奉献了一辈子的中国核事业。临终之前，中央军委将他的名字解密，为中国人民立下不世之功的邓稼先的名字第一次出现在媒体上！在生命的最后时刻，邓稼先对妻子许鹿希说："假如生命终结后可以再生，那么，我仍选择中国，选择核事业。"

（作者：林晓清）

赵九章

（1907—1968）

赵九章（1907年10月15日—1968年10月26日），气象学、地球物理和空间物理学家，东方红1号卫星总设计师，两弹一星功勋奖章获得者，中科院院士。
二〇一六年十二月十二日 月色 郭永怀 立勋

赵九章，出生于河南开封。气象学家、地球物理学家、空间物理学家。1955年当选为中国科学院院士。1951年加入九三学社，九三学社第三、四、五届中央委员会委员。

赵九章出身中医世家，幼年就读于私塾，预备从事文学。在五四运动影响下，改学科学，立志"科学救国"。1933年赵九章从清华大学物理系毕业，通过庚款考试后，于1935年赴柏林大学师从气象学家菲克尔。1938年赵九章获德国柏林大学博士学位后回国。回国后，赵九章在西南联大任教，1944年经竺可桢教授推荐，主持中央研究院气象研究所工作，承担起继竺可桢之后中国现代气象科学奠基的重任。1946年中央研究院气象研究所迁往南京北极阁，成为我国现代气象学研究的重要基地之一。解放战争后期，气象研究所奉命迁往台湾，赵九章则和所内的科学家们一起留下来迎接新中国的诞生，为祖国气象事业的发展立下不可磨灭的功勋。

新中国成立后，赵九章促进组建中国科学院地球物理研究所。在赵九章的主持下，该所很快发展成一个人才济济的科研机构。中国科学院大气物理研究所、兰州高原大气物理研究所等研究所中一批有成就的科学家都直接或间接受过赵九章的指导。

赵九章1956年任国家科学技术委员会气象组组长，1958年和1962年连续两届当选中国气象学会理事长。1955年当选为中国科学院院士。

赵九章在气象学、地球物理学、空间物理学等领域作出了突出贡献，并为科学事业培养了大批人才。

新中国成立初期，技术力量薄弱，赵九章与涂长望携手合作，组建联合天气预报中心和联合资料中心，为新中国气象事业中两个最基本的分支(天气分析预报和气象资料)的发展奠定了基础。他和几个有名的科学家在这两个联合机构中担任业务领导并从事实际工作。

赵九章把科学的发展与国民经济联系起来，作出了重要贡献。

20世纪50年代初，赵九章主张在海南广东等地，以种植防风林带的方式改变局部小气候，为橡胶移植到亚热带地区创造了条件。50年代中期，国际上开始进行人工降水研究，在赵九章的积极倡议下，在中国这样一个农业大国开始研究人工降水，使我国的云雾物理研究开展起来，并取得了暖云降水理论和积云动力学等研究成果。

赵九章十分重视气象学的现代化建设。20世纪50年代初，他通过大量的工作和研究，及时提出气象学要数理化、工程化和新技术化，并在工作中贯彻这一指导思想。这对我国气象学的现代化有重大的指导意义。

20世纪50年代初，计算机的问世使天气预报从定性向定量发展具备了条件，赵九章支持、鼓励刚从国外回来的顾震潮应用手算图解法解微分方程，从而使我国的数值预报发育成长起来，并培养一批科技力量。当我国第一台计算机出现后，数值预报研究和业务就开展起来了，为60年代末我国正式发布数值预报奠定了基础。同时赵九章十分重视把新遥测和遥感技术应用到大气科学中。50年代中期，他支持应用空气动力学的风洞和先进的测试仪器研究大气湍流。在赵九章的极力推动下，建立了中国仅有的两个臭氧观测台，这为研究大气中的臭氧成分打下了基础。

根据国家建设的需要，赵九章不断开拓新的研究领域。海潮观测研究对于我国国防和经济建设具有重大意义，但在当时却是空白。20世纪50年代初，赵九章亲自指导开展我国海区海浪及波谱的研究，研制出观测设备和一整套观测分析仪器，为认识我国海域的波浪特征、开发海洋资源作出了贡献。

赵九章是中国人造卫星事业的倡导者和奠基人之一。他积极促进空间科学发展。从20世纪50年代后期开始，赵九章以极大热情投入我国空间事业的创建工作。1958年，赵九章是中国科学院地球物理研究所二部的主要技术负责人，负责卫星研制的各项准备工作。同年10月，他提出"中国发展人造卫星要走自力更生的道路，要由小到大，由低级到高级"的重要建议。20世纪60年代三年困难时期，赵九章及时调整发展计划，把主要力量放到投入资金和人力较少的气象火箭，逐步开展其他高空物理探测，同时探索卫星的发展方向。60年代初期，中国科学院成功地发射了气象火箭，箭头仪器舱内的各种仪器及无线电遥测系统、电源及雷达跟踪定位系统等，都是在赵九章的领导下由地球物理研究所研制的。他们还研制了"东方红一号"人造卫星使用的多普勒测速定位系统和信标机。

1964年12月，赵九章不失时机地向国务院提交了开展卫星研制工作的正式建议，引起中央的重视。1965年3月，中央批准中国科学院提出的方案。1965年10月起，在中国科学院的领导主持下举行了卫星建造总体方案的进一步论证，会上赵九章提出了重要意见。紧接着，负责实施人造卫星发展计划的"651"设计院成立，赵九章主持科学、工程技术方面的工作。他对中国卫星系列的发展规划和具体探测方案的制定，对中国第一颗人造地球卫星、返回式卫星等总体方案的确定和关键技术的研制，都起了重要作用。1985年赵九章获得国家科学技术进步特等奖。

赵九章在科学研究方面作出了杰出的贡献。赵九章是中国动力气象学的创始人。1937年，赵九章把数学和物理引入气象学，研究信风带主流间的热力学，完成了我国第一篇动力气象学论文——《信风带主流间热力学》。

行星波斜压不稳定的概念是赵九章首先提出的。1945年，赵九章指出，实际大气在斜压状态下可以是不稳定的，即振幅将随时间增长而形成天气图上观测到的气压场的槽、脊分布和发展，这是现代天气预报的理论基础之一。1946年赵九章在芝加哥大学做这一学术报告时，引起国际气象学家的高度重视。气象学发展史上公认"公元1946年，中国赵九章提出行星波斜压不稳定概念"。

20世纪60年代初，赵九章指导他的学生，研究了地磁扰动期间史笃默(Stormer)捕获区变化和带电粒子穿入地磁场的机制等，并著有《高空大气物理学》专著。在他领导下还完成了核试验的地震观测和冲击波传播规律，以及有关弹头再进入大气层时的物理现象等研究课题。

1966年1月，中科院成立卫星设计院（代号"651"设计院），赵九章被任命为院长，他除了抓第一颗卫星的研制工作，还注意到我国卫星型号发展问题。1966年5月，中科院召开卫星系列规划设想讨论会，赵九章在会上报告对我国卫星系列规划设想，主要内容有四点：（1）以科学试验卫星作为开始和基础；（2）以对地观测卫星为重点，全面发展应用卫星（如通信、气象、测地、导航等卫星，配成一个完整的体系）；（3）在对地观测卫星基础上发展载人飞船；（4）卫星的防御措施，必须使卫星拥有反干扰、反破坏的能力。会议经过讨论，最后商定卫星系列的重点与排序：测地、通信、气象、载人飞船、导航。

正当赵九章全身心投入卫星研制工作、各方面都取得很大进展的时候,"文化大革命"灾难降临。在这种背景下,我国于1968年进行体制大调整,赵九章被停止工作。1968年10月被迫害致死。

1968年1月体制调整前,赵九章、钱骥主持的我国第一颗卫星的初样星已经完成,此后接替者进行方案复审后继续进行正样星的研制,正样星与初样星基本一致,没有大的改变(有的就是卫星总重增一点;仪器减一点;写在仪器壳上的毛主席语录要不要去掉;卫星看得见的方面想了些点子等)。1970年4月24日,我国第一颗卫星发射成功,这是我国历史上的一件大事,是党中央领导全国军民努力奋斗的成果,是十多年来先后参与卫星工作的全体人员的智慧、血汗的结晶。虽然赵九章在此前18个月已被迫害致死,但他对我国卫星事业的贡献永远不能被忘记。一代又一代航天人不懈努力,通过实践证明当初的决策和预见性是正确的,这充分体现出赵九章等老一辈科学家的远见卓识和一心一意为祖国卫星事业出谋献策的赤子之心。当年赵九章主持制订的我国第一颗卫星的研制方案计划和卫星系列规划设想既符合科学又切合实际,此后相当长一段时期我们基本上是按照当初的计划设想进行的。正是因为有赵九章等老一辈科学家的坚持和努力,才有今天卫星事业的巨大成功。共和国的历史不会忘记他在开创、推进、领导、规划我国卫星研究中的卓越功绩。中国的卫星事业不会忘记它的科技工作者。

赵九章是优秀的科学家,也是热心的教育家,培养了众多的科学人才。他勤于治学,也热心育人,我国著名气象学家叶笃正、顾震潮、陶诗言、顾钧禧、郭晓岚等都受过他的指导。赵九章重视基础教育，他任地球物理所所长期间，于1958年一手创建中国科学技术大学地球物理系，提出以"所系结合"的方式办系，亲自主讲高空物理学并指导研究生。赵九章重视人才，培养提拔人才，周秀骥、曾庆存、巢纪平等都是在赵九章不断给予关心、爱护和鼓励的环境下成长的杰出科学人才。

赵九章鼓励学生要有自己的创见，注意培养民主的学术气氛，他组织的海浪组、磁暴组等研究集体，每周举办学术讨论会，中心发言之后，接着是热烈的争辩。在这个研究集体中，进行各种日地相关现象的研究，取得了一批具有国际水平的研究成果，为我国空间物理研究奠定了良好的基础。

赵九章未能等到1970年4月24日那一刻。当中国第一颗人造卫星上天时，这位享誉国内外的卓越科学家已于一年半前含冤去世。人们不会忘记这位把自己全部心血倾注在科学事业上的科学家。1997年，在赵九章先生诞辰90周年之际，由王淦昌等44位著名科学家倡议，并经中央批准，为赵九章先生树立铜像，以缅怀他为我国的科学事业所作出的贡献。1999年在国庆50周年之际，中共中央、国务院、中央军委隆重表彰为研制"两弹一星"作出突出贡献的23位科技专家，并授予"两弹一星"功勋奖章，赵九章院士是其中一位。

（作者：刘银华）

姚桐斌
（1922—1968）

姚 桐 斌 1922年9月3日-1968年6月8日
冶金学·航天材料专家·火箭材料及工艺技术
专家·两弹一星功勋章获得者。
二○二二年十月七日 签署 郭林立情

姚桐斌，江苏无锡人，冶金学、航天材料专家、火箭材料及工艺
技术专家，"两弹一星"功勋奖章获得者。

1941年姚桐斌高中毕业后考入交通大学唐山工学院（现西南交
通大学）；1945年以全校第一的总评成绩毕业，获得工学学士学位，

同年8月任重庆国民政府经济部矿冶研究所助理研究员；1946年10月考取公费留学生；1947年10月进入英国伯明翰大学工业冶金系攻读研究生；1951年获得伯明翰大学工学博士学位；1953年6月获得伦敦帝国理工学院皇家矿校冶金系文凭；1954年赴联邦德国亚琛工业大学冶金系铸造研究室任研究员兼助理教授；1956年9月姚桐斌在中国驻瑞士使馆加入了中国共产党；1957年4月在联邦德国冶金厂实习，9月回到祖国，转正为中国共产党党员。1958年1月被分配到国防部第五研究院一分院工作，历任一分院第七研究室工程师、室主任、第六研究所所长；1965年国防部第五研究院改组为第七机械工业部后，他任材料与工艺研究所所长；1968年6月8日在"文化大革命"中被无端毒打，不幸逝世，年仅46岁；1983年被追认为革命烈士。1985年获得国家科学技术进步特等奖；1999年被追授"两弹一星"功勋奖章。

在新中国70多年的光辉历程中，"两弹一星"的研制成功是整个中华民族为之自豪的伟大事业。伟大的事业成就伟大的人，伟大的人心中凝结的则是伟大的精神。姚桐斌是中共中央、国务院和中央军委表彰的23位"两弹一星"元勋之一，是中国航天材料与工艺技术的奠基者，优秀的火箭材料及工艺技术专家。作为中国第一代航天材料工艺专家和技术领路人，一直从事导弹与航天材料、工艺技术的组织领导、研究和试验工作。姚桐斌精神凝结着过往的奋斗，也昭示着未来的希望，他用一生的实践诠释的精神品质，值得我们永远继承、坚守与发扬。

忠肝义胆的爱国精神

爱党爱国，对人民无限热爱，是姚桐斌爱国主义情怀的真实写照。姚桐斌一生树立远大理想、坚定理想信念，自觉将个人价值的实现融入到祖国与人民的命运当中，从"科学救国"到"科学报国"，姚桐斌为祖国的伟大复兴最大限度地贡献了他的智慧与力量。

一片赤心，志在报国

在漫长的求学生涯中，姚桐斌一直是"精勤求学，报效祖国"的杰出代表和光辉典范。从小学习优异的姚桐斌在高中会考时获全省第一，出于对矿冶专业的热爱，他选择了当时的交通大学唐山工学院（今西南交通大学），心中许下"志在开发中国资源，以实现孙中山先生的建国理想"的远大志向。4年大学，他埋头苦读，以总评成绩全校第一毕业，并以极优异的成绩考取了英国伯明翰大学的公费留学。抗战胜利后，姚桐斌奔向海外，却依旧怀着一颗报国之心，他认为把在国外学到的知识奉献给祖国是应有之义。经历过旧中国的重重苦难，姚桐斌最期盼祖国的腾飞。在英国留学期间，姚桐斌不仅十分重视科学研究，努力完成了学业，还时刻关注着国内的局势变化。当时的姚桐斌在欧洲已经有所成就，但面对国外优渥舒适的生活环境与工作条件，他毅然选择回来建设自己贫穷积弱的祖国，满腹才华只愿为百废待兴的新中国贡献力量，赤胆忠心日月可鉴。

一腔热血，忠诚为党

姚桐斌的革命人生观也异常坚定，他下决心要把全部生命献给无产阶级。当人民解放战争以排山倒海之势由北向南推进，关心祖国命运的姚桐斌正在海外组织并参加进步的"中国科学工作者协会英国分会"及"中国留英学生总会"等工作。除了同留学生中的积极分子保持经常接触，姚桐斌还系统地学习了马列主义和毛泽东思想，这些活动也更加坚定了他对共产主义的信仰，坚定了他将为共产主义奋斗、为祖国强盛奋斗、为劳苦大众服务的决心。经受多年严峻的考验，姚桐斌最终在瑞士履行了入党手续，成为一名光荣的中国共产党员。在我国23位"两弹一星"元勋中，他也是唯一一位在国外入党的科学家。

入党后的姚桐斌一直严格而全面地以共产党员的标准要求自己，自觉地发挥党员的表率作用。他刚回国就主动参加十三陵修水库的工地劳动，担任干部期间也严格要求家人不得擅自购买私人物品，就连香港亲戚寄回来的奶粉他都原封不动退还。

不忘初心，扎根群众

姚桐斌一生不忘初心，始终扎根群众。1965年，导弹研究院开展"四清"（清政治、清经济、清组织、清思想）运动，姚桐斌主动要求前往七机部下属211机械厂一线去搞"四清"。他从一开始就搬到职工宿舍，与工人们同吃同住同劳动。在当时导弹研究院的高级专家中，像姚桐斌所长这样与工人们"三同"的情况，是唯一的。姚桐斌平日里待人真诚，和蔼可亲，丝毫没有领导架子。所内科研人员到他家讨论工作，他总是热情接待，在路上遇见认识的人，不管是干部、技术人员还是工人、保洁人员，他都主动热情地打招呼，这些体现了姚桐斌深深扎根群众、紧紧依靠人民的宝贵品质。

攻坚克难的开创精神

新中国成立不久，满目疮痍、百废待兴。作为我国第一代航天材料工艺专家和技术引路人，作为一名年轻有为的冶金学博士和材料专家，作为一名共产党员，姚桐斌全身心投身到航天材料工艺研制事业中，艰苦创业，开创了中国航天材料工艺事业的一片天地。

奠定了中国冶金工业理论基础

在英国伯明翰大学工业冶金系攻读博士学位期间，姚桐斌师从国际铸造学会副主席、伯明翰大学终身教授弗·康德西。康德西从事的液态金属的粘性与流动性研究，在当时国际上是一项很少有人从事的研究工作。姚桐斌如饥似渴，勤奋好学，工作极其努力，并在1951年以题为《对液态金属及合金的粘性的研究》的论文通过博士答辩，获得工业冶金学博士学位。但姚桐斌觉得不够，他又于1952年1月到伦敦帝国科技学院继续深造。在系主任费舍尔（M.S.Fisher）教授的指导和冶金系主任丹那特教授的支持下，对铝-硅合金的热裂性能进行研究，发表了一篇很有价值的长篇论文《对于液态金属在铸模中流动时的垂直运动研究》。1953年，姚桐斌在英国《铸工期刊》上发表《在铸造工厂中用流动性测定来控制质量》。这些优秀的论文不仅使姚桐斌在伦敦帝国科技学院获得了DIC学位，也为他日后为祖国航空航天材料的生产和研究打下了坚实的理论基础。姚桐斌作为科学家，始终坚持理论与实践相结合，实事求是搞科研。姚桐斌刚到材料研究所时，所里的研究人员大多是刚毕业的大学生，为了让他们正确地开展研究工作，姚桐斌深思熟虑，准备在繁忙的工作中挤时间写一篇关于研究方法的文章。他笔耕不辍，终于完成了一部两万五千字的经典著作——《研究工作方法》，针对尖端材料科研的实践，阐明了他对科研程序和方法的独到见解。钱学森对此赞赏有加，将这篇著作当作导弹材料研究人员必须遵循的纲领性文件下发，这对当时以及后来整个导弹研究院的科研工作都起到了重要指导作用，也为中国冶金工业研究的开展奠定了科学工作的理论基础。

开创了中国航天材料工艺事业

"功崇惟志，业广惟勤。"中国航天界历来具有"特别能吃苦，特别能战斗，特别能攻关"的光荣传统，姚桐斌就是这样一位忘我创业的代表。按照苏联援助中国提供的材料研究体制，姚桐斌所主持的材料研究室的研究工作模式，只要把导弹火箭设计部门提出的各种材料，向材料生产部门订货，并对交付的材料进行验收，保证交付的材料满足设计要求就行了。但姚桐斌认为这一模式适用于航空工业基础雄厚的苏联，却不适用于工业落后、科研力量薄弱的中国。因此，他提出一个有别于苏联模式的创造性见解，即发挥材料研究室的桥梁作用，既要了解设计部门所需材料及其应用的特点，及时把它们下达给国内的材料研究、生产部门；材料生产出来以后，又要对其性能和特点进行接近导弹实际工作条件的测试和研究；还要根据设计要求，把这些材料应用到导弹和火箭零部件上去。在这个创新思路的基础上，姚桐斌开创性地提出了中国航天材料研制的新模式，即"抓两头，带中间"。这"中间"就是姚桐斌主持的航天材料研究室，后来扩建成有独立研究开发能力的航天材料研究所。

培养了导弹材料和工艺研究团队

出于对祖国航天事业的高度责任感和担当，姚桐斌一直言传身教，致力于为航天材料工艺战线培养高素质人才。为了让年轻一代更好地掌握导弹及材料知识，姚桐斌多次从外单位邀请著名专家来研究所举办讲座，要求技术人员深入透彻地了解自己研究所制造的零部件技术状态。在"请进来"的同时，他还主动"走出去"，选派所内的材料专家去给导弹设计人员讲授材料与工艺知识。这样彼此了解，互相学习，大大促进了导弹材料研究工作。姚桐斌还善抓细节教育，从实验设备和物品到实验记录，姚桐斌都要求研究人员做到文明、整洁、有序，凡是对培育研究人员有益的环节姚桐斌都抓住不放，给以热情的指导。在姚桐斌眼里，凡是在材料研究所工作的人员，没有学历上的高低贵贱之分，也没有职务上的差别，人人都有受教育、获得培养的机会。当年被姚桐斌亲手指导的所里同志，后来很多被评为高级工程师、研究员，成了航天事业各条战线上的带头人和技术骨干，作出了许多有价值的科研成果。

严谨求实的科学精神

严谨严格，坚持科研无小事

要撑起科研事业的风帆，加速各项科学研究的步伐，不仅要掌握科学的研究工作方法，还需要严谨严格的科研作风。对此，姚桐斌始终秉持"三严作风"意识，坚持科研无小事，有效保证了自身科研工作的质量。在严格要求自己的同时，姚桐斌对自己带领的科研队伍也提出了"科研作风不严谨"的问题。因此，他在全所范围内举办了一次科研作风研究会，就所里出现的作风不严的事例教育员工端正科研作风，培养良好素质，通过好坏典型对比，明确提倡什么、反对什么，学习经验，吸取教训，提高认识，改进作风，目的是在新的基础上，更快更多地出成果、出人才。这次科研作风专题研究会极大地改变了全所科技人员的思想作风，严格生产、严谨科研蔚然成风，为科技队伍的作风建设也打下了良好的基础。

执着探索，研制决心不动摇

姚桐斌意志坚定，无论受到什么诋毁和批判都不退缩，研制决心从不动摇。当姚桐斌和科研人员正在设计研制一种叫"发汗材料"的新材料时，由于此项科研课题难度很大，一时未能见到成果，就被一位领导否定，不许搞，并嘲笑说这是一项"胡子工程"，意即等姚桐斌做了白胡子老爷爷时，这项课题也不会出成果。但姚桐斌坚信自己的科研方向和科研能力，顶着压力，排除阻力，不顾这位政治委员的讽刺和嘲笑，与几位工程师任劳任怨，默默坚持不懈地研究，终于在新型火箭的研发中发挥了作用。被污蔑为"胡子工程"的发汗材料，后来获得了国家发明二等奖。这是对无知者的讽刺和嘲笑最有力的回击。

敢于突破，成功制服"拦路虎"

由于我国工业基础薄弱，许多新材料的研制成了研究院在材料研制过程中的"拦路虎"。这一问题在苏联政府单方面撕毁《国防新技术协定》后更为棘手，当时苏联撤走了在中国的全部专家，中断若干对华援建项目。在这个特殊的时期，这一消息反而激发了全院工程技术人员的爱国热情和敢于突破的精神，姚桐斌与同事们决心打掉一切依赖思想，下决心依靠自己的力量，突破国防尖端技术的封锁。科学的灵魂在于创新，更是中国材料事业创新发展的内在驱动力。为了研制高温钎焊合金，凭着顽强的精神，姚桐斌带着研究人员反复分析材料成分并不断试验，从无到有，一步步摸索，终于制服了这只"拦路虎"。这种合金不但及时满足了当时中程火箭发动机研制生产的需要，而且后来普遍应用于远程火箭的多种发动机上。从一片空白到自主试制成功，中国的科研人员靠的是自己的聪明才智和百折不挠的精神。

无私无畏的奉献精神

心无物念，淡泊名利

姚桐斌一生不慕虚荣，品行高洁，他回国不为名利，科研不求功名。为了我国航天材料事业的发展，姚桐斌忘我工作，不懈奋斗，其大师风范可见一斑。为了振兴民族，繁荣国家，归国后的姚桐斌自觉服从国家安排，竭尽全力献身国防科研事业。他被分配到国防部第五研究所后曾诚恳地说："我回来不是为了地位和金钱，而是为了把学到的知识贡献给祖国的建设。因此，我愿意在基层做一些具体工作，为我国运载火箭和卫星上天贡献一份力量。"寥寥数语，凸显了他心无物念的可贵品质。他把自己的智慧与力量全部奉献给了祖国与人民，超然豁达，淡泊名利。这种精神在物质享受丰富的今天显得弥足珍贵。

甘当配角，大力协同

为了祖国的航天事业，姚桐斌甘当配角，为总体设计服务，默默奉献，无怨无悔。这种思想始终贯穿在他整个科研工作和领导工作当中。这不仅是姚桐斌对工程技术的科学理解，也是他作为一个共产党员负责任的选择。姚桐斌作为高级材料专家，心里清楚地知道材料技术在航天系统中是非主流技术，火箭、导弹才是主体。对此，姚桐斌总是勉励身边的工作人员："梅兰芳演出时是主角，可是演《苏三起解》时还须肖长华演崇公道，二人在台上谁也离不开谁，各有自己的华彩。我们五院（即国防部第五研究院）就是要当好型号的配角，演好肖长华的角色，让梅先生担纲的《苏三起解》演成满堂彩。"他胸襟宽广，虚怀若谷，体现了一位科技工作者的协同攻关精神。在姚桐斌主持召开的"三二一会议"上，五院副院长钱学森亲临大会作重要讲话，姚桐斌作主题报告，因此钱学森说："这次大会的主角是姚桐斌同志，我是来帮腔的。"姚桐斌作主题报告时却说："真正的主角是钱院长，我们这些人能够当称职的配角就心满意足了。"两位科学家互敬互让的动人情景，令人久久难以忘怀。

敢为人先，谋划长远

姚桐斌高瞻远瞩，敢想他人未想之事，敢走他人未走之路。"做到今天，准备明天，想到后天"，这是姚桐斌为材料研究工作安排的"三步棋"。中国航天系统工程浩大，除了考虑现有型号的材料，姚桐斌主张加强预先研究，有技术储备。他认为有计划按比例地安排预先研究不仅是其工作使命所系，也是其科研机遇所在。

因此，他组织制定了导弹材料工艺的研究规划，并按照"材料先行"的要求，组织安排了材料工艺的预先研究，这项工作在后来新型火箭研制的关键时刻，发挥了无法替代的关键性作用。在姚桐斌的倡导下，全所的材料研制工作也真正走在了型号研制工作的前面。1961年至1964年期间，姚桐斌带领的研究所开展的课题包括新型不锈钢、钛合金、高强铝合金等500多项，其中预先研究项目占了约一半。这些项目，有的很快在导弹和火箭研制中得到应用，有的在以后研制的很多新型号上取得了可喜的成就。不少项目填补了中国在这一领域的空白，而且许多技术转为民用后，为国民经济建设创造了巨大的经济效益。由此可见，姚桐斌敢于突破、勇于探索的精神，为材料科学新领域的研究作出了开拓性的贡献。

（作者：房庆云 孔祥彬 张容华 安鸿儒）

钱 骥

（1917—1983）

钱骥 （1717年12月27日－1783年8月18日）

空间技术和空间物理学家，中国空间技术的开拓者。

领导卫星总体·结构·天线·环境·模拟理论研究。

"两弹一星"功勋奖章获得者。

二○二○年十二月十七日 身富·湘琳 敬题

　　钱骥，中共党员，出生于江苏省金坛县，是空间技术和空间物理
专家，"两弹一星"元勋，中国空间技术的开拓者，中国地球物理学
科的主要创造者。1943年毕业于国立中央大学。曾任中国科学院地球
物理研究所主任，中国第一颗卫星"东方红一号"方案的总体负责人，
中国科学院人造卫星设计院技术负责人，第七机械工业部第五研究院
卫星总体设计部主任，中国空间技术研究院副院长、科技委副主任，
中国宇航学会理事，中国空间科学学会副理事长等职务。

钱骥作为我国空间技术的重要开拓者之一，领导卫星总体、结构、天线、遥测、电源、环境模拟等卫星关键技术研究，提出《我国第一颗人造卫星方案设想》的报告；参与制定星际航行发展规划，提出多项有关开展人造卫星研制的新技术预研课题，为我国空间技术早期的发展作了很多开拓性工作；同时为返回式卫星的研制作了大量技术和组织领导工作，并力促返回式卫星资料为国民经济服务，经过他的辛勤努力，中国气象卫星、通信卫星等型号研制工作加快了步伐。

1917年，钱骥出生于江苏省金坛县（今江苏省常州市金坛区）。1929年夏，考取了金坛县立书院小学，1930年7月毕业，同年8月考取江苏省立南京中学。1938年8月，在北碚国立四川中学师范部毕业。同年9月参加统一考试，高分考取了国立中央大学（1949年更名为南京大学）理化系。1943年，毕业于国立中央大学理化专业。并留校作助教，进修物理。1947年，担任中央研究院气象研究所助理研究员。1949年后，历任中国科学院地球物理研究所室副主任、主任，二部卫星设计院业务负责人。1952年，加入中国共产党，根据党组织的决定加入中国民主同盟。1958年，参加组建空间物理研究机构，探讨人造卫星的基础研究课题，开展中国人造卫星方案探索研究，领导卫星总体、结构、天线、环境模拟理论研究。1958年10月，钱骥参加了中国科学院组织的"高空大气物理代表团"到苏联考察。1964年，发表《气象火箭测高空风的方法》，通过试验获得成功，获国家科委科学二等奖。1965年，提出《中国第一颗人造卫星方案设想》报告，组织编写《中国卫星系列发展规划纲要设想》，组织并提出大量的预研课题，为人造卫星研制打下了初步的技术基础。是中国第一颗卫星"东方红一号"方案的总体负责人。同时为回收型卫星的研制作了大量技术和组织领导工作。1968年以后，历任七机部第五研究院卫星总体设计部主任，第五研究院副院长、科技委副主任。中国宇航学会理事，中国空间科学学会副理事长。1974年，主持修订了"东方红二号"通信卫星方案和"实践二号"科学卫星方案。重视广播通信卫星方案探讨，重视预研工作资料积累、情报分析研究、成果鉴定、资料归档工作。

科 学 研 究

从20世纪50年代后期开始，钱骥投入空间科学事业的创建工作。1957年国际地球物理年期间，钱骥开拓空间物理学新领域，认为人造卫星上天是空间探测的新里程碑。他协助赵九章对空间科学进行调查研究，收集国外信息。鉴于人造卫星在国防建设和经济建设方面的重要意义，他积极倡导发展中国自己的卫星，负责组建空间物理探测机构，负责卫星研制的各项准备工作。为了探索发展中国空间技术的途径，1958年，钱骥参加"高空大气物理代表团"赴苏联考察，回国后更坚定了"中国一定要有自己的卫星"的信念。60年代，钱骥协助赵九章领导地球物理所二部工作，着手落实探空火箭研制工作。组织了箭头总体、遥测、雷达跟踪、天线、电源和环境模拟等探空技术的研制队伍；组织空间探测仪器的研制。他主持研制成功了探空火箭箭头，多次探测试验成功。探测项目不断增加，探空高度不断上升，探空技术逐步成熟。火箭测高空风，是导弹武器、核爆炸试验急需的项目。1963年在钱骥领导下，液体火箭将镀锌玻璃丝和铜丝抛入空间，成功地测得高空风。通过Ｓ波段雷达反射，跟踪金属丝云的飘移轨迹，从测量的坐标、速度、加速度及方位，可计算出高空风速、风向。这一方法，颇有创造性，1964年获国家科委科学二等奖。

1964年，中国尖端技术事业取得了重大突破，钱骥作为卫星技术总体负责人，经常到各研究所调查研究，了解卫星配套的预研课题进展情况，在力学、传热学、电子学、半导体、材料等基础研究领域均取得了成果，为卫星研制提供了技术基础。1964年10月下旬，钱骥陪同赵九章去酒泉发射基地，参观导弹发射试验，充分了解到运载火箭技术进展情况，已可以把卫星工程提上议事日程了。他认为发射卫星不仅有重大的政治意义和科学价值，还能为中国发射远程火箭提供空间环境资料。钱骥在调研报告中指出，中国科技、工业都有了一定提高，又积累了多年的火箭探空经验，为卫星上马作了不少技术储备。同时发射卫星又可进一步带动促进中国工业和科学技术的发展，建议国家尽快制订发射卫星计划。1965年10月，钱骥在国家召开的卫星方案论证会议上，作了《关于我国第一颗人造卫星的总体设计方案初步意见》的报告，就卫星系统方案、目的任务作了详细的报告。1965年9月中国科学院开始组建人造卫星设计院，钱骥被任命为技术负责人。组织领导总体组全面开展"东方红一号"卫星的总体方案设计和分系统技术设计工作，拟定各分系统设计指标。为落实各项任务与技术要求，他还率领总体组到各研究单位进行协调，安排落实了近200个预研和试制项目，组织了卫星研制全国协作网。1970年4月24日，中国按计划成功发射了"东方红一号"人造卫星。钱骥对中国第一颗人造卫星的研制作出了重大贡献。"事业就是生命"，这是钱骥时常挂在嘴边的一句话。"东方红一号"卫星腾空而起后，钱骥又带领中国空间技术研究院科研骨干先后研制了返回式卫星、科学卫星、通信卫星等，还提出了卫星通信的自主、保密安全等问题，扬起了我国空间科学技术的风帆。顺境中，钱骥不断奋进；逆境时，钱骥更不忘初心，严格要求自己。"东方红一号"卫星即将大功告成时，在科学王国里纵横驰骋的钱骥却"帽子"满天飞。那时候的他沉默寡言，不敢与别人说话，生怕因自己有特务嫌疑而连累了别人。随后，钱骥被赶下了领导岗位，分到研究室当一名普通的研究人员。他对此没有怨言，反而主动向接手卫星总体设计技术组织领导工作的闵桂荣倾囊相授。"东方红一号"上天的时候，被请上天安门城楼的有功人员中没有钱骥，他在自己家中望向天穹，仍然为亲自参与、长期奋斗的目标终得实现而热泪盈眶。平反后，钱骥无怨无悔，以更加饱满的热情投入到科研工作中，又接连取得了多项重大科技突破。1983年4月，誉满航天界的钱骥住进医院。病重期间，他仍放不下祖国的航天事业，时时阅读、了解着世界宇航的动向。所幸，我国卫星发展日趋顺利，给病中的钱骥带来极大安慰。4个月后，钱骥因患胆囊癌医治无效，不幸逝世。1999年9月18日，在庄严雄伟的人民大会堂，中共中央、国务院和中央军委为23位在"两弹一星"事业中作出突出贡献的科学家授勋。钱骥夫人史丽君做梦都没有想到，在丈夫去世16年后，还能获此殊荣。钱骥在生活中的低调务实，使人无法将其与那个叱咤学术界的伟大科学家联系起来。他极少在知悉范围之外谈起自己的工作，又经常在外进行秘密实验，直到现在，钱骥的子女都对父亲知之甚少。

人 物 评 价

中国空间技术研究院党委：钱骥热爱党的事业，热爱中国空间技术研究工作，对空间事业锲而不舍，持之以恒，为中国空间事业的开创和发展贡献了毕生的精力。党的十一届三中全会以后，他在思想上拥护党的路线，在政治上和党中央保持一致，在行动上坚决贯彻党的路线、方针和政策。他时时处处以共产党员的标准严格要求自己，从不计较个人得失，从不搞特殊化。多年来，他始终以普通党员的身份参加党的组织生活，严守党的纪律和准则，对党有着深厚的感情。

原国务委员张劲夫：一些科学家在不同领域作出了贡献，有的还是很重要的贡献。例如原子能所的著名物理学家王淦昌和彭桓武，卫星总体组负责人、地球物理所的钱骥……

原国防科委主任钱学森：钱骥同志是我十分尊重的科学家、工程师，他为中国的航天事业作出了巨大的贡献，他的去世是中国人民的一大损失！

中国空间技术研究院党委书记赵小津：作为中国共产党的优秀党员，著名空间技术和空间物理专家，我国空间技术的杰出领导者和开拓者之一，钱骥先生把毕生精力贡献给了祖国的空间事业，为我国空间事业的创立、发展蓝图的描绘、关键技术的突破、人才队伍的成长和空间技术的应用，作出了积极的开拓性工作。钱骥先生的一生，是为实现科技强国理想拼搏奋斗的一生，是刻苦学习、勇于创新、甘于奉献，为我国空间事业殚精竭虑的一生。他为祖国空间事业发展所建立的功绩值得铭记，他的坚定理想信念、勇于开拓担当、崇尚科学精神、可贵品格操守，值得全院广大干部职工学习和发扬。

（作者：齐琪）

钱三强
（1913—1992）

钱三强 ·1913年10月16日之1972年6月28日·
核物理专家·中科院院士·
"两弹一星"功勋奖章得者·
2020年十月二十一日 戶晷鼎未 五音

钱三强，原名钱秉穹，出生于浙江绍兴（原籍浙江省湖州市），核物理学家，我国原子能科学事业的主要奠基人，"两弹一星"功勋奖章获得者。1936年从清华大学本科毕业，1937年到巴黎大学镭学研究所居里实验室攻读博士学位，1940年获得法国国家博士学位，1946年获得法国科学院亨利·德巴微物理学奖学金，1947年任法国国家科学研究中心研究员、研究导师，1948年回国担任清华大学物理系教授，

1950年担任中国科学院近代物理研究所副所长，1951年接任中国科学院近代物理研究所所长，1954年被任命为中国科学院学术秘书处秘书长，1955年被选聘为中国科学院院士，1956年担任第三机械工业部副部长（1958年2月11日改为第二机械工业部即二机部），1978年被任命为中国科学院党组成员和副院长，1978年至1982年兼任浙江大学校长。

钱三强用自己奉献的一生标注出中国核武器的转折点，他被誉为"中国原子弹之父"。他是"从牛到爱"的践行者、裂变之光的发现者、核能事业的开创者、赤诚纯粹的爱国者。在科学研究上的创新力，战略判断上的预见力，"两弹"研制上的领导力，道德品行上的感召力，社会发展上的影响力上有突出成就，充分说明钱三强是战略科学家的杰出典范，老一辈科技工作者的卓越代表，新一代科技工作者的光辉榜样。

家学渊源筑就人生底色

钱三强出身于浙江湖州一个书香世家，父亲钱玄同是中国近代著名的语言文字学家，早年赴日本留学，曾任北京大学、北京师范大学教授，是新文化运动的倡导者。钱三强本名秉穹，意为"秉性纯良，志存天穹"。他少年时代即随父在北京生活，就读于蔡元培任校长的孔德中学，这所学校非常开明，是一所与私塾完全不同的新式学校，学校除了抓德、智、体"三育"外，还重视美育、劳动、音乐。刚进入初中钱三强就成了班上篮球队的队员，他在篮球队中年龄排行第三且成绩出色，队员便送给他一个绰号"三强"。父亲钱玄同无意中得知，觉得"三强"两字不仅通俗易懂，而且寓意"品德强、身体强、学识强"。1926年后，"三强"两字便替代了"秉穹"。1930年，17岁的钱三强考入北京大学预科。1932年，又考入清华大学物理系，师从留美归来的叶企孙、吴有训、赵忠尧和萨本栋等著名教授。钱玄同于1933年手书"从牛到爱"，希望钱三强能发扬属牛的那股"牛劲"，像牛一般勤勉，向着牛顿和爱因斯坦的方向前进。"从牛到爱"这四字箴言成为钱三强的座右铭，时时刻刻鞭策着他。"从牛到爱"成为他终生行事的准则，也预示着他的人生发展轨迹："铆足牛劲"刻苦钻研，"勇执牛耳"舍我其谁，甘当为民服务的"孺子牛"、为原子能事业奠基的"拓荒牛"、朴实无华的"老黄牛"。

1936年，钱三强担任北平研究院物理研究所严济慈所长的助理，1937年卢沟桥事变爆发，本就患有高血压的钱玄同因忧愤国事而病情加重。家国罹难，钱三强准备放弃已经考取的赴法学习镭学的名额。父亲却教导他：一个男子汉近忧是应该的，但必须有远虑，中国现在没有先进的科学技术，你就要去法国学习最先进的技术。他鼓励钱三强抓住机遇，在当时物理学研究最尖端的镭学领域取得成绩，方能报效祖国。

青年才俊发现裂变之光

1937年，钱三强登上了开往法国的轮船，也开启了自己探索裂变之光的旅程。在法国巴黎大学镭学研究所居里实验室攻读博士学位期间，在诺贝尔化学奖获得者约里奥·居里夫妇的指导下，钱三强很快完成了博士论文《α粒子与质子的碰撞》，获得了博士学位。

1946年春，钱三强与夫人何泽慧合作发现了铀核的三分裂和四分裂现象，并因此获法国科学院亨利·德巴微物理学奖。这一发现被认为是二战后核物理研究的重要成果，西方媒体用《中国的居里夫妇发现了原子核新分裂法》这样的标题予以报道。除了自己的论文研究工作，钱三强在实验室里总是主动承担各种额外工作，他的勤奋好学、善于钻研、乐于助人等优秀品质受到老师和同事的充分肯定。钱三强成为获得亨利·德巴微物理学奖金的第一位中国学者，并被聘为法国国家科学研究中心的研究导师。由于在学习和科研工作中表现出突出的科研能力和杰出的组织能力，约里奥·居里夫妇在对钱三强的评语中写道：他对科学事业满腔热忱，并且聪慧有创见。钱先生还是一位优秀的组织工作者，在精神、科学与技术方面，他具备研究机构的领导者所拥有的各种品德。那时，所有人都认定钱三强夫妇将会留在欧洲从事科学研究，但强烈的科学救国信念促使他们毅然放弃了国外优越的条件决定回国，为祖国的强盛贡献自己的力量。

1948年，钱三强找到了中共驻欧洲的负责人，提出要求回国的心愿。钱三强后来解释了回国的动因：虽然科学没有国界，但科学家都是有祖国的。正因为祖国贫穷落后，才更需要科学工作者努力去改变她的面貌。1948年5月，钱三强夫妇抱着刚半岁的女儿，回到战乱中的祖国，开始了他为中国原子能科学事业奋斗的历程。

"两弹元勋"奠基核能事业

钱三强为中国科学院的建立和新中国科技事业的发展作出了重大奠基性贡献，他的组织工作对中国科学院而言犹如"制礼作乐"。他主张以苏联、法国科学院为雏形，设立中国自己的"国家科学院"。他参与起草的《建立人民科学院草案》，勾画了科学院的基本框架，为科学院的筹建工作打下了良好的基础。竺可桢评价钱三强：钱实为科学院最初组织时之灵魂也。从新中国成立起，钱三强便全身心地投入到原子能事业的开创工作中。他在中国科学院担任了近代物理研究所（后改名原子能研究所）的副所长、所长。由于仪器设备奇缺，研究所成员只好骑着自行车大街小巷跑旧货摊、废品站找零件，自己制造仪器。

钱三强于1954年加入中国共产党。他在转正报告中写道：我要求党给努力的机会，允许我转正，我保证今后向达到党员的标准努力奋斗。

1955年，党中央决定发展本国核力量，钱三强负责制定原子能发展规划。1956年，主导核武器研究的第三机械工业部成立（后改为第二机械工业部即二机部），钱三强被任命为主管科研业务的副部长。

1958年，钱三强领导建成中国第一个重水型原子反应堆、第一台回旋加速器以及一批重要的仪器设备，为我国进一步发展核科学技术奠定了基础。他还协助北京大学、清华大学、中国科技大学建立起技术物理系、原子核物理系等，为中国核科学和核工业培养人才。

1959年6月，苏联单方面终止中苏两国签订的国防新技术协定，撤走了全部专家。钱三强临危受命，担任了中国核弹研究技术上的总负责人、总设计师。钱三强以一个战略科学家的深邃眼光和洞察力很早就认识到原子能科学研究在国家发展中的重要性，并积极投入创建和发展中国原子能的科学事业中。他的科学预见性在氢弹研制过程中体现得更为充分。

早在1960年6月，他就提出：氢弹是要以原子弹作引爆器，但它与原子弹有不同的原理和规律，与轻核聚变反应有关的理论问题，需要有人先作探索，宜早不宜迟。在研究原子弹的同时，他就组织了一批理论物理学家对热核反应机理进行了探索性研究，为氢弹研制作了理论准备，促成了中国在第一颗原子弹爆炸后仅2年零8个月，就研制成功了氢弹。"两弹一星"功勋科学家彭桓武认为：钱三强重视"预为谋"，即事先的计划和准备。"为核聚才"只为国家利益，钱三强为核聚才，有爱才之心、识才之眼、聚才之能、选才之法、用才之魄。他领导的原子能所有"满门忠烈"之誉。作为原子弹工程组织者和实施者，他从全国范围内调兵遣将，将最优秀的人才推荐到核武器研究所，举荐王淦昌、彭桓武担任原子能所副所长。为了找到能承担核武器爆炸力学工作的人，他专门拜访钱学森，请应用力学家郭永怀参加研究工作。在核武器研制攻关时期举荐朱光亚来担任李觉将军的助手。他又亲自找邓稼先谈话并任命其为理论部主任，邓稼先在后来的原子弹研制工程中发挥了关键作用。数百名科技精英在近代物理研究所聚集，包括实验物理学家赵忠尧、杨澄中、戴传曾等；理论物理学家邓稼先、朱洪元、王承书等；放射理论化学家杨承宗、肖伦等；计算机和真空器件专家夏培肃、范新弼等。据统计，从1959年起的6年中，原子能所共向全国输送科技人员914人，在被表彰的23位"两弹一星"功勋科学家中，有15位由钱三强动员回国，其中7位由他直接推荐到核武器研制一线。钱三强推荐人才遵循的原则是把国家利益放在优先位置，以事业发展需要为重，注重在实践中考察人，着重考察人才的道德品质和工作能力，把最优秀、最合适的人才推荐到最恰当的岗位上去，便于让年轻人脱颖而出。钱三强反复强调：舍得把最好、最顶用的人用到最需要、最关键的地方去，不分是你的还是我的。1993年，二机部原部长宋任穷对钱三强给予中肯评价：钱三强在我国原子能事业的创建与发展中，有独特的贡献。在普及原子能知识，培养、推荐科技人才，建立综合性科技基地，引进和吸收外来技术，组织领导重大科技攻关和科技协作等方面，作了大量工作，起到了别人起不到的作用。"真诚纯粹尽显大家风范。"爱因斯坦在悼念玛丽·居里逝世一周年的讲话中特别强调了创造才能和道德品质的依赖关系：第一流人物对于时代和历史进程的意义，在其道德品质方面，也许比单纯的才智成就方面还要大。即使是后者，它们取决于品格的程度，也远远超过通常所认为的那样。这个评价同样适合钱三强。周光召曾经这样评价钱三强："熟悉钱先生的人，不会忘记他那宽阔的胸怀，勇挑重担的气魄，杰出的组织才能，甘为人梯的精神，谦逊朴实的作风，以及只求奉献不求索取的高风亮节。在钱先生身上，科学和道德达到了高度的统一。"为中国原子能科学事业的发展呕心沥血、鞠躬尽瘁，钱三强的事迹和品格是"两弹一星"精神的最佳注解。像很多科学大家一样，他做人简单，做事认真，把时间和精力聚焦在心目中最有价值的科学事业上。他不承认自己是"中国原子弹之父"，而更愿意以"卵石""沙粒"自居：我作为一个老科技工作者，能把自己化作卵石、化作沙粒，铺垫在千军万马去夺取胜利的征途上，而感到高兴、欣慰！

同事们回忆起钱三强的感受是：看不出他是大科学家，他比普通人还普通。"学以致用，报效祖国"是钱三强毕生的追求。在战乱中献身科学事业，在祖国最需要的时候毅然归国。在攀登科学高峰的道路上，他深深的足迹印刻着对科学的坚定信仰和对祖国的无限热爱。他成就了自己，更成就了祖国，实现了自己"光明的中国，让我的生命为你燃烧"的报国宏愿。

（作者：黄涛）

郭永怀
（1909—1968）

郭永怀 (1909年4月4日—1968年12月5日)
著名力学家 应用数学家 空气动力学家
中国科学院学部委员 近代力学事业的奠基人之一
1999年国家追授"两弹一星"功勋奖章
二〇〇年一月七日 真书 谢宋 子震 [印]

　　郭永怀，山东荣成人，中共党员，著名力学家、应用数学家，中国科学院院士，我国核武器事业的先驱，"两弹一星"功勋奖章获得者，中国近代力学事业的奠基人之一。1935年毕业于北京大学物理系，1940年留学加拿大，1941年获加拿大多伦多大学硕士学位，1945年获美国加州理工学院博士学位，1946年起受聘于美国康奈尔大学航空工程研究生院任教。1956年回国后，参加规划我国力学发展蓝图，在空气动力学等力学学科建设及培育力学人才方面作出了杰出贡献。先后领导、参与"两弹一星"研制和试验工作,解决了核弹研制和试验中力学方面的许多重大难题,且在推进核弹武器化方面有着突出贡献,是"两弹一星"元勋中唯一在核弹、导弹、地球卫星三个领域都作出重大贡献的科学家。

郭永怀海外研学十六载,异域扬名时却毅然放弃优越条件,冲破美国政府的重重阻挠,如愿返回祖国的怀抱。他扎根大漠五春秋,隐姓埋名却又无怨无悔、风餐露宿而不轻言放弃,为我国"两弹一星"事业立下了汗马功劳。他科技报国守一生,在遭罹空难的生死关头,仍不忘将国家核机密文件死死抱在怀中。文件完好无损,他却永远地离开了我们……

冲破重障:赫赫金凤终还巢

1956年9月,伴随着汽笛的一声长鸣,"克利夫兰总统号"邮轮从美国向西驶向中国。船上,几位中国科学家欢欣鼓舞、喜极而泣,其中一位便是郭永怀。学成归国尽早报效祖国,郭永怀海外研学十六载,日思夜想的就是这一天。而这一天却实属来之不易!

1940年9月,郭永怀来到加拿大多伦多大学攻读硕士学位。1941年5月,郭永怀又奔赴当时的国际空气动力学研究中心——美国加州理工学院古根汉姆航空实验室,师从著名航空大师冯·卡门攻读博士学位,投身影响他一生的空气动力学研究。1945年,他以《跨声速流动的不连续性》的优秀论文获得博士学位。1946年,他受聘于康奈尔大学航空研究院任教。之后他同钱学森一起提出"上临界马赫数"概念,为人类突破"声障"难题即跨声速飞行奠定了理论基础,他在跨声速研究领域的学术成就博得了世界公认。为了解决跨声速气体动力学的一个新难题,他尝试运用并发展了奇异摄动理论,形成一种新的数学方法,即国际社会公认的PLK(庞家勒-赖特希尔-郭永怀)方法,并在多个学科广泛应用。

1956年,47岁的郭永怀不仅是美国康奈尔大学的教授,而且已经是享誉国际的知名科学家,尤其是在与航空工业密切相关的空气动力学和应用数学方面有着瞩目的学术成就。

1949年新中国的成立,再次引燃郭永怀科技报国的初心。听到这个消息,他再也按捺不住了,恨不得马上投入新中国热火朝天的建设浪潮当中。谈起回国原因,郭永怀 1957年曾在《光明日报》撰文写道:"这几年来,我国在共产党领导下所获得的辉煌成就,连我们的敌人,也不能不承认。在这样一个千载难逢的时代,我自认为,我作为一个中国人,有责任回到祖国,和人民一道,共同建设我们美丽的山河。"

令郭永怀万万没有想到的是,他在应用数学和空气动力学方面的重要成就和国际声望,却成了他学成归国的羁绊。当时刚成立的新中国和美国关系十分紧张,在两国这样的外交关系背景下,美国政府绝不允许像郭永怀这样的知名科学家回到祖国。

久旱逢甘霖，一个好机会终于来了！

由于1954年日内瓦会议期间中国代表的据理力争，美国政府在1955年4月4日正式宣布撤销禁止中国留学生回国的命令。苦等了6年之久，郭永怀终于看到了回国的曙光。即便如此，回家的路也并没有他想象的那么顺利。但为了回到祖国，郭永怀愿意付出一切代价，哪怕是自己视若珍宝的科研资料和讲义手稿。

据郭永怀的夫人李佩回忆，回国前夕，郭永怀曾两次烧毁自己积累十多年的科研资料和讲义文稿。一次是在自家院子里，郭永怀亲手烧毁了自己一大批科研资料和讲义文稿。还有一次是在康奈尔大学同事为郭永怀举办的饯行野餐会上，他当众烧毁了自己一部即将完成的书稿。这样的举动，让在场的美国同事惋惜不已，也曾让李佩感到十分不解。

直到后来，他们登上回国的邮轮，美国移民局和联邦调查局几个工作人员检查他们的行李时，李佩才恍然大悟。在此之前，郭永怀的师兄钱学森回国时，就是因为携带一些科研资料而被滞留美国多年。没有了携带科研文稿被扣留的麻烦，美国政府方面的检查终归是有惊无险，他们再也没有阻挠郭永怀回家的理由了。

1956年11月，郭永怀一家终于抵达广东罗湖口岸，踏上了阔别16年的家园故土。双脚踩在这片熟悉又崭新的土地上，他感到无比踏实、前所未有的自由自在，他已经作好施展才华的准备。

临危受命："两弹一星"功勋著

新中国成立之初百废待兴，发展壮大独立民族工业体系急需一大批力学人才和力学专业机构。郭永怀一回国，便全身心投入到中国力学学科建设、科学研究和人才培养的事业中，先后负责中国科学院力学研究所的科技领导工作、中国科学技术大学化学物理系筹建、制定新中国"十二年科技规划"中力学学科规划等工作，为我国近代力学发展打下了坚实基础。

20世纪50年代末60年代初国际局势的新变化，让郭永怀的人生轨迹同国家命运一道，再次发生重大变化。

抗美援朝战争和第二次台湾海峡危机期间，美国多次威胁对中国使用核武器。面对美国的一次次核讹诈、核威胁，1955年，中共中央决定发展原子能事业、研究原子弹。屋漏偏逢连夜雨。1960年，苏联政府突然决定撤走所有在华技术专家，并拒绝向中国提供原子弹的数学模型和技术资料。

郭永怀便是在这样的危急形势下，接受党中央和国家安排，临危受命，投身于中国核武器研究的。美国的核讹诈、核威胁，苏联技术专家撤离中国等诸多事件，也让郭永怀更加清楚地认识到：把科研论文写在祖国大地上，才能更好地实现科技报国的志向。

1960年，在钱学森的大力推荐下，郭永怀被任命为二机部九院（后改名为中国工程物理研究院）副院长，专门从事我国核武器研制，同王淦昌、彭桓武一起组成了中国核武器研究最初的三大支柱。其中，王淦昌负责物理实验，彭桓武负责理论设计，郭永怀负责力学方面的技术领导工作，主要负责核武器的结构设计、强度计算和环境试验。

1963年，为了加快核武器研制的步伐，中央决定在青海建立核试验基地，郭永怀等一大批专家从此隐姓埋名、扎根大漠。从那时候起，已经年过半百的郭永怀，不畏条件艰苦和气候恶劣，克服高原反应，跟年轻人一起风餐露宿、同吃同住同工作，坚守在爆炸试验现场。

1964年10月16日，我国第一颗原子弹爆炸成功。1966年10月27日，我国第一颗装有核弹头的地地导弹飞行爆炸成功。1967年6月17日，我国第一颗氢弹空爆试验成功。为了这一刻的来临，郭永怀几乎倾注了全部的心血，他等待了太久……

关于郭永怀对我国核武器研制作出的贡献，我国核科学事业的开拓者、"两弹一星"元勋朱光亚院士曾给予这样的评价：在研制我国第一颗原子弹时，郭永怀提出了以"内爆法"原子弹为主攻方向，并领导大家建立了爆轰过程的计算模型和计算方法；同时还出任场外试验委员会的主任委员，经常深入现场指导爆轰试验，为我国原子弹研制工作的突破付出了大量心血。郭永怀十分重视原子弹、氢弹的武器化，领导开展了核武器的总体结构设计、环境模拟试验等与力学相关的工作，建立了一整套设计、试验方法和试验设施，为核航弹试验、导弹原子弹"两弹"结合试验、氢弹试验等一系列重大试验的安全与成功，为我国核武器事业的长远发展作出了重要贡献。

郭永怀为我国航天事业初期的发展也作出了突出贡献，是"两弹一星"元勋中唯一一位在我国核弹、导弹、地球卫星三个重要领域都作出巨大贡献的科学家。他积极倡导我国发展航天事业，参与我国航天事业发展规划，参加重大技术课题的研究工作，参与组织中国科学院人造卫星（包括回地式卫星）的研制工作。1965年，我国第一颗人造卫星研制工作启动，郭永怀负责的便是"东方红"卫星本体及返回卫星回地研究的组织领导工作。1970年4月24日，在郭永怀不幸去世两年后，我国第一颗人造卫星"东方红一号"发射成功，这也算是对他在天之灵的莫大告慰。

以身许国：空难难撼报国志

科技救国、科技报国，是郭永怀一生守护的初心，终生不渝的志向。

郭永怀出生在战火纷飞的旧中国，外敌入侵、家国遭辱，让他在青年时期便在心中埋下了科技救国、科技报国的种子。在国内求学期间，他便深切地感悟到，没有强大的军事工业，很难彻底改变中国落后挨打的局面。为此，他曾经"弃理从工"，放弃自己心爱的光学专业，转投与航空工程专业密切相关的力学学科。这也是他出国留学决心师从著名航空大师冯·卡门的重要原因。

1963年我国在青海建成核试验基地后，郭永怀出于工作需要，经常往返于北京和青海之间。为了保证像郭永怀这样的科学家的安全，中央领导特别叮嘱他们尽量不要乘坐飞机。但为了节省时间加快科研和试验进度，郭永怀经常选择乘坐飞机往返北京和青海。

1968年10月，郭永怀再一次来到青海核试验基地，为我国第一颗热核导弹发射试验作准备。12月4日，他在试验中发现了一个重要线索，便让人赶紧联系飞机，急匆匆从青海赶到兰州，换乘飞机连夜赶回北京。没有想到的是，他这次与大家的再见竟成了永别。

12月5日凌晨，当飞机在北京的机场缓缓降落时，出现了严重故障失衡坠毁，郭永怀不幸遇难。搜救人员在飞机残骸中找到郭永怀的尸体时，发现他跟警卫员紧紧地抱在一起，当人们将他们分开时，现场的工作人员震惊了。两个人怀中紧紧抱着的是一个公文包，里面是保护完好的核武器绝密资料。在郭永怀牺牲后的第20天，1968年12月25日，我国第一颗热核导弹试验成功。

"要知松高洁，待到雪化时。"直到生命的最后一刻，郭永怀首先想到的不是个人安危，而是誓死保护好事关国家安全的绝密资料。郭永怀学成归国、报效祖国的爱国精神，追求真理、严谨治学的科学精神，淡泊名利、潜心研究的奉献精神，是留给我们的宝贵精神财富。

1968年12月25日，郭永怀被追认为烈士。1999年，郭永怀被追授"两弹一星"功勋奖章。2018年7月，经中国科学技术大学和中国科学院紫金山天文台联合申请，国际小行星中心发布公告将编号为212796号的小行星永久命名为"郭永怀星"。

郭永怀——这颗夜空中耀眼的巨星，永不陨落！

（作者：董大伟）

后　记

　　开创"两弹一星"事业的那段历史，已经过去几十年，但这座伟大事业的丰碑仍然高耸于中华人民共和国发展史上。在研制"两弹一星"过程中所体现出来的"热爱祖国、无私奉献，自力更生、艰苦奋斗，大力协同、勇于登攀"的"两弹一星"精神成为中国共产党人精神谱系的重要组成部分。

　　1999年，在庆祝中华人民共和国成立50周年之际，党中央、国务院、中央军委决定，对当年研制"两弹一星"作出突出贡献的23位科学家予以表彰，并授予"两弹一星"功勋奖章。这23位科技专家是共和国的功臣，是老一辈科技工作者的杰出代表，也是新一代科技工作者的光辉榜样。

　　为进一步传承和弘扬"两弹一星"精神，让更多的人了解23位"两弹一星"元勋的光辉事迹，青海两弹一星干部学院决定编辑出版本书。本书由杨自沿同志负责框架设计、文稿统筹，青海两弹一星干部学院马永萍、多吉卓玛、张贵沛三位教师参与资料收集、文稿校对、作者联络等工作。

　　本书由23篇文章组成，分别讲述了23位"两弹一星"元勋的成长经历，尤其彰显了他们在研制"两弹一星"过程中的卓越贡献。

　　需要说明的是，我们按照统一的传记体例，对入传文章作了个别修改，敬请作者谅解。

　　在此，我们谨代表青海两弹一星干部学院向诸位作者表示崇高的敬意。尚未联系上的作者，见到此书，请和我们联系，我们将按有关规定支付稿酬。（联系人：马永萍，手机号：18097108294）

编　者

2024年1月